JN437539

태초의 Logos에서 영원히 시간으로~
오! 여기 동서문화東西文化의 상보적 융합의 문을 여는
지구촌 평화의 북소리 그 울림이여!

다시 뜨는 동방의 등불!

麗海 한 승 연

오! 그 빛
태초의 말씀이여!
동방의 등불이여!
지구촌 진통의 어둠 역사 불사르고
보다 맑고 밝게 깨어나는 놀라운 지혜
오! 새 시대의 문을 여는 축복의 등불!!
대한민국 코리아여, 이제 깨어나소서!
밝고 환한 동방의 천문대天文臺
만법귀일萬法歸一 진리의 등불로!

태초의 Logos에서 영원히 시간으로~
오! 여기 동서문화東西文化의 상보적 융합의 문을 여는
지구촌 평화의 북소리 그 울림이여!

다시 뜨는 동방의 등불!

麗海 한 승 연

오! 그 빛
태초의 말씀이여!
동방의 등불이여!
지구촌 진통의 어둠 역사 불사르고
보다 맑고 밝게 깨어나는 놀라운 지혜
오! 새 시대의 문을 여는 축복의 등불!!
대한민국 코리아여, 이제 깨어나소서!
밝고 환한 동방의 천문대天文臺
만법귀일萬法歸一 진리의 등불로!

도서출판 資文閣

작가의 말

오늘 우리는 세계 속에 유일하게 분단국가라는 불명예를 아직까지도 씻어내지 못하고 있다.

그러면서도 세계 무대에 나가서 거침없이 '동해물과 백두산이 마르고 닳도록 하느님이 보호하사 우리나라 만세!' 하고 그처럼 당당하고 힘차게 손뼉을 치며 노래를 부른다.

세계적인 철인哲人 소크라테스는 '너 자신을 알라'는 말로 유명하다. 그런데 오늘 우리의 처지가 세계 무대에 올라가서 과연 그처럼 당당하게 애국가를 부를 수 있는 자주 통일국가로서의 부끄러움 없는 국민인가를 다시 생각해 보게 해준다.

지난날 우리 배달한민족 조상들은 고조선 시대 동방의 정신문화를 꽃피워 찬란한 평화의 등불로 12제국을 다스려 나왔다는 자랑스러운 민족 뿌리역사를 가지고 있다.

그처럼 자랑스러웠던 우리 조상들의 정신문화는 배달한민족의 선조先祖이신 환웅천제桓雄天帝께서 한민족 뿌리사상의 정기精氣로 이 땅에 심어주신 삼일철학三一哲學으로 천지인天地人이 동떨어진 것이 아닌 조화주 하나님의 '한 틀' 속에서 운행되고 있다는 조화사상이었다.

그러한 한민족 뿌리정신 사상이 후사이신 개국조開國祖 단군왕검께서 사람을 유익하게 하기 위해 백성들에게 가르치셨다는 바로 그 홍익인간弘益人間 이화세계理化世界 이념이다.

그 정신사상이 이웃 민족을 평화스럽게 지배할 수 있었던 고차원적 휴머니즘의 이데올로기로 윤리도덕과 정신문화를 이루게 했었던 하늘나라 대도大道의 정신사상이라고 하여 '한얼' 또는 '한 사상'이라고 했다는 것이다.

그러나 안타깝게도 그 후손들은 질곡했었던 역사의 수난 과정에서 지고至高한 우리 조상들의 민족정신을 잃고 우리 한민족의 상고사 뿌리역사관마저도 표류시키면서 민족자존의 주체성을 잃고 강대국에 빌붙어 의지하려는 자기비하의 걸인 근성으로 변태되고 말았다.

그로부터 외래사상에 젖어 혼미해진 우리 국민정신은 지난날 삼천리 금수강산에 배달한민족 상징의 백단심百丹心 무궁화 꽃을 심어 민족정신을 회복해야겠다는 계획 아래 유신維新을 추진했었던 정부체제하에서도 우리 한민족 자존의 '주체성'을 끝내 살려내지 못한 채, '우리의 소원은 통일'이라는 그 과업을 이루어내지 못하고 오늘에 이르렀다.

그런데 뜻밖에도 우리 조상들로부터 전래되어 내려온 전통문화가 세계적으로 한류 열풍의 붐을 타고 있다는 반가운 소식이다.

그런가 하면 1984년 4월 우리나라 대통령이 프랑스를 방문했을 때 '단군의 홍익인간弘益人間 사상이 21세기를 주도할 것'이라고 말한 〈25시〉 작가 루마니아의 희랍 정교회 신부인 비르질 게오르규도 그의 태극기 송頌에 쓰기를 〈25시에서 영원의 시간으로〉 '한국의 국기는 유일하다.' 어느 나라의 국기와도 닮지 않았다. 거기에 대해서 세계 모든 철학이 요약된 것 같은 것이 새겨져 있다고 했다.

이제까지 세계문명의 흐름은 과거 그처럼 찬란하게 동방의 등불이었던 우리 고조선 시대 역사 이후, 고대 그리스 로마문명에서 영국중심의 구라파 문명시대를 거쳐, 20세기 제국주의, 미 · 소 양극체제, 그리고 공산권 붕괴 이후 미국을 중심으로 하는 다극화 체제로 변화하면서 세계문명의 중심이 대서양 중심에서 태평양 중심의 다원체제로 이동하는 시대적 전환기에 처하여 있다.

하지만 여기에서 다시 상기시켜 보게 하는 것이 지구촌에 동서로 오고간 현자들의 미래적인 예견으로, 21세기에는 동아시아 시대가 본격적으로 전개되리라고 말한 바 있다.

거기에 또 일찍이 역사학자 A. 토인비는 죽어 다시 태어난다면 동양철학에 심취해 보고 싶다고 말함과 동시에 21세기는 동아시아가 세계의 중심 무대가 되리라고 시사했으며, 또한 영성적으로 밝은 인도의 시성詩聖 타고르는 그 중에서도 코리아가 동방의 등불이 될 것임을 예언한 바 있다.

그와 같은 예견은 현자들 뿐만 아니다. 세계적으로 유일하게 전파된 성경 〈요한계시록〉 역시 마찬가지로 미래에 해가 뜨는 동방으로부터 흰 옷을 입은 무리가 하나님의 인印을 가지고 세계로 나가게 됨을 예시해 주고 있다.

그러한 예언들을 종합해 볼 때, 21세기 후반기는 전 세계가 하나님이 예정하신 천혜의 땅 한반도를 중심으로 인종과 종족, 그리고 종교적인 사상이념을 초월하여 조화를 이루는 '슈퍼팍스 코리아나'(Super Pax, Koreana) 시대가 열리게 됨을 시사해 주고 있다.

여기에 우리는 거시적인 문명사의 흐름을 직시하고 전쟁과 평화가 교차하는 이 시대에 한반도와 지구촌 전체에 온전한 평화가 자리 잡을 수 있도록 먼저 우리의 고질적인 지방색과 종교 간의 갈등을 해소하고 나아가서 남북이 화해하고 공존해야 하는 의미를 되새기고 결속을 다짐해야 할 것이다.

이제까지 한반도에 휴전이라는 이름만으로 유지되어 오던 평화는 북한의 핵문제로 동북아 평화를 위협하고 나아가서 세계 평화마저 위협할 위기에 더욱 긴장감을 조성해 주고 있는 실태다.

그러한 불안감을 우리 한민족이 국혼을 회복하여 남북이 화해와 협력으로 대동단결하여 풀어야만이 아시아의 황금시기 등촉의 나라 코리아가 인도의 시성 타고르가 예언한 세계 인류평화를 주도해 나갈 영성 지도국으로 세계를 향해서 자랑스럽게 나가게 될 것이다.

그 준비를 위해서 오늘 우리가 정리해야 할 일은 역사의 수난 과정에서 곰의 자손으로 왜곡시켜 표류시켜 버린 우리 배달한민족 뿌리역사와 함께 우리 한민족의 국혼을 되찾아 회복하는 일이다. 그 나라 민족혼은 그 민족의 형상과도 같은 것이라고 했다.

고조선 시대 우리 조상들은 뿌리 시원에서부터 하늘 대도의 조화사상을 배워 왔었기 때문에 이웃 민족으로부터 군자불사지국君子不死之國이라는 칭송을 들어왔던 자랑스러운 민족 뿌리역사를 가지고 있다. 그만큼 세계 어느 민족보다 종교적인 심성이 강하고, 또 정신적으로도 끈질긴 생명력을 가지고 있는 선택받은 천손민족이다. 그처럼 자랑스러운 우리 배달한민족 혈통맥박 속에 면면히 흐르는 민족정기의 국혼을 오늘 우리가 회복했을 때, 태극 깃발을 높이 흔들며 '평화의 북소리'를 힘차게 울리면서 세계로 나가게 될 것을 믿어 의심치 않는다.

그 일을 준비하기 위해서 오늘 우리가 먼저 해야 할 일은 잃어버린 우리 민족의 정체성을 찾는데 과연 무엇이 가장 걸림돌이 되고 있는가?

그 문제부터 먼저 밝히고 풀어냈을 때 세계 속에 유일하게 불명예의 남북분단의 갈등을 해소하고 세계를 향해 자랑스럽게 '동해물과 백두산이 마르고 닳도록 하나님이 보호하사 우리나라 만세!'를 떳떳하고 힘차게 부르며 나가게 될 것을 의심치 않는다.

그 일이 오늘 우리가 대동단결해서 풀어내야 할 숙제이기 때문에 이 글을 읽는 독자들과 함께 그 일을 도모할 수 있었으면 하는 마음 간절할 뿐이다.

2014년 11월 25일

麗海 **한승연**

프롤로그

지구촌 인류역사를 살펴보면 대부분의 전쟁은 동양에서가 아니라 서구에서 시발된 전쟁이었다.

그 입증 자료가 되어 주고 있는 것이 유대민족 뿌리역사 구약이다. 그 내용 속에는 주변 이방민족과의 사이에 대립적인 맞수 대결로 잔인한 전쟁이 수없이 거듭되고 있었음을 기록하고 있다.

그런데도 오늘 서구 기독신학자들 논리는 지구촌 인류시원의 뿌리역사를 유대민족 조상의 뿌리 아담의 후예로 단일적인 혈통뿌리 계보에 묶어 설파하고 있다.

그와 동시에 기독교 스승 성자 예수께서 지칭하신 대우주적인 천지창조 성부하나님 신위神位에 유대민족 조상신 '여호와' 이름을 올려 격상시켜 놓고 전 인류가 믿고 섬겨야 할 전지전능하시고 사랑이 많으신 하나님이라고 전파하고 있다.

하지만 그러한 논리는 구약의 내용 속에서 보여주고 있는 여호와의 전반적인 행사 모습에서 전지전능하시고 그처럼 만물을 사랑하신다는 성부하나님의 모습도 아니며, 또한 그 위상도 아니다.

그들이 그처럼 격상시키고 있는 여호와 신의 전반적인 행사 모습은 이스라엘 민족 주변에 산재해 있는 이방민족과 철저하게 이분법적二分法的인 경계의 선을 긋고 그 이방민족과의 맞수 대결에서 전쟁에 필요한 살상무기의 제작법과 거기에 전략적인 술수까지를 직접 가르치며, 오히려 그 전쟁을 진두지휘하는 행사로 일관되고 있다는 사실이다.

그러한 구약의 내용을 보더라도 여호와의 행사는 어디까지나 유대민족의 창조 수호신으로서, 오직 그 이스라엘 백성만을 관리하며 다스려온 그 민족 조상신에 국한된 입지임을 분명히 나타내 주고 있다.

그와 같은 여호와의 전반적인 행사 기록은 기독교 스승 성자예수께서 '네 이웃을 내 몸처럼 사랑하라.' 그것이 '내 아버지의 뜻이니라.' 하신 일원론적一元論的인 말씀과는 달리 철저하게 너와 나를 개체로 가르는 이분법적으로 예수께서 '내 아버지는 사랑이시라.'고 하신 성부하나님의 모습과는 도저히 일치될 수가 없다.

그런데도 서양에서 태동된 기독신학 논리가 전혀 그 세계관이 다른 구약과 신약의 세계관을 그처럼 한 틀에 묶어 설파한다는 것은 기독교 스승의 가르침에 크게 위배되고 있는 것으로 그만큼 논리적으로나 내용상으로나 합리적이지를 못한 것이 사실이다.

이 세상의 모든 악惡은 언제나 선善으로 위장하여 스며든다고 했다. 예수께서 예언으로 말씀해 둔 적그리스도라는 거짓 성직자들도 마찬가지다. 찬란한 이름으로 사람을 유혹하고 신비한 기적이라는 소리로 사람을 미혹케 한다. 진리의 실상을 바로 알지 못하는 것처럼 어리석고 무서운 형벌은 없다고 했다. 그러한 악惡에 깊이 물들면 그 악을 바로 분별할 수가 없기 때문이다.

기독교 스승 예수께서는 그 시대 이스라엘 백성들을 향해 너희가 시대 구별을 하라 이르시고, 그 백성들만을 관리 수호해온 여호와를 본질상 하나님이 아니라고 지적하셨다가 그 시대 제사장들로부터 이단의 괴수로 내몰려 십자가 위에서 그처럼 참수형을 당하셨다. 그 죄목이 그들이 절대자 천주天主 하나님으로 믿고 숭배하는 여호와를 감히 폄하했다는 불경 모독죄였다.

하지만 그로부터 2,000년이 지난 오늘까지도 그러한 천도의 변화원리를 깨우치지 못하고 있는 지구촌 기독신학의 목회자들이다. 그러한 종교적 모순의 공해는 어쩌면 민족주의적 우월성을 고집하는 타민족을 지배하기 위한 정복문화 유산에서 비롯된 것으로서 패권주의적 정당성 확보를 위한 방편의 무기로 이용되어 왔다고 볼 수 있다.

그렇기 때문에 '민족주의'를 유럽적 제국주의 개념으로 보아서는 발전할 수가 없다. 서구문명의 바탕이 되는 것은 정복문화로서 그 실례를 들어볼 수 있는 한 토막의 이야기가 있다.

남아프리카공화국은 아프리카 남반부에 자리 잡고 있다. 이 나라는 금, 다이아몬드, 우라늄 등의 풍부한 광산자원을 바탕으로 아프리카에서 가장 부강한 경제력을 보유한 공업국이다.

그 나라가 소수 백인정권 시대착오적인 인종차별로 다수의 흑인들이 분노와 좌절 속에 신음하고 있었던 1984년, 남아프리카공화국의 흑인 지도자 데스몬드 투투 주교가 노벨상 수상자로 선정되고 난 후였다.

그가 뉴욕의 한 집회 장소에서 백인들의 아프리카 지배를 다음과 같이 꼬집었다.

"백인 선교사들이 처음 아프리카에 왔을 때 그들은 성경을 지니고 있었고, 우리 흑인들은 땅을 가지고 있었다. 그런데 자! 기도합시다. 하는 선교사들의 말에 순응하여 우리는 눈을 감았다. 기도를 마치고 눈을 떠보니 이번에는 우리가 성경을 가지고 있고, 선교사들은 우리의 땅을 차지하고 있었다."

바로 그것이다. 그처럼 진리라는 이름을 앞세우고 들어와서 설파하지만 때때로 침략 정복무기가 된다는 것으로, 오늘 우리 대한민국 국민들에게 주는 그 실례적인 교훈이기도 한 것이다.

지금까지 지구촌은 문명의 혼돈, 종교가 주는 사상의 혼돈, 가치관의 혼돈은 십자군의 전쟁, 천주교와 개신교(기독교) 간의 30년전쟁, 그리고 오늘날까지도 계속되고 있는 유태교와 회교 간의 분쟁, 북아일랜드 구교·신교 간의 분쟁, 인도의 힌두교와 파키스탄 회교 간의 분쟁 등으로 조용할 날이 없었다.

21세기 벽두에도 마찬가지였다. 대외적으로 9.11테러, 아프칸 전쟁, 이라크 전쟁 등 전쟁과 문명 간의 갈등은 계속되고 있는 가운데 우리나라는 세계적으로 유일하게 분단국가라는 굴레를 여전히 벗어나지 못하고 있다.

사실 동·서양은 평화에 대한 인식에 있어서 근원적으로 그 뿌리시원에서부터 다른 배경 분위기로 사유思惟를 해왔다. 서양은 유대 민족의 뿌리역사인 구약의 내용이 보여주고 있는 것처럼 존재 이유에 대한 인식을 전쟁과 갈등에서 보는 시각이 있으나, 동양은 그와는 달리 대우주적인 천지인天地人 조화사상으로 평화를 사유思惟해 왔다.

그렇기 때문에 오늘 우리나라가 유일하게 세계 속에 종교백화점이라고 할 정도로 여러 모양으로 종교가 산재해 있지만 서구와는 달리 종교

간의 대립적인 전쟁은 한 번도 없었다.

그 이유는 우리 한민족 종교철학 홍익이념의 '한얼'사상 속에는 유불선 기독교, 사대종교 스승들이 결론적으로 지향하는 신선세계, 용화세계, 지상낙원세계가 우리 조상들이 지향해 왔던 홍익인간 이화세계弘益人間理化世界 속에 모두 포괄되어 있기 때문이다.

그러한 우리 한민족 조화 사상이야말로 지구촌의 사상적인 갈등과 대립을 종식시키고 진정한 인류평화를 주도해 나갈 선택받은 천손민족天孫民族임에는 틀림이 없다 하겠다.

그와 같이 모든 것을 종합해 볼 때, 우리 한민족 고대사 기록에서 하늘 제사권祭祀權을 받고 뿌리가 세워졌다고 하는 내용이 새삼스럽게 그 믿음을 주고 있다.

21세기는 기체 에너지의 정신문명 시대로 유불선儒佛仙 일심체하에 모든 종교를 섭렵하게 하고 도정일치道政一致의 성현들이 모두 출현한다는 천지인天地人 합일의 후천도수라고 했다.

그때에 천혜의 역사가 한민족이 중심이 된다는 것이 동서로 오고간 성현들께서 귀띔해 주신 예언이기 때문에 그때가 이르면 진통의 역사 속에서 국혼마저 잃고 주체성 없는 실향민으로 갈라진 남북분단의 갈등을 해소하고 가슴 맺힌 한을 풀게 될 날이 가까운 시간에 기필코 오게 될 것을 믿어 의심치 않는다.

후천後天은 해인시대海印時代로 홍익이념의 인존주의를 바탕으로 하는 문화중심 세계가 한반도에 도래到來한다는 것이 태초의 하나님께서 섭리하시는 그 천기운행天氣運行이라고 했기 때문이다.

CONTENTS

1권

2권

CONTENTS

혼합된 서구신학 어디로 가는가

태초 만생명의 근원이신 천지부모 하나님은 빛의 말씀(Logos)으로 우주만물을 창조하셨다고 했다.

그처럼 대우주적인 천지부모天地父母 하나님의 존체는 오늘 우리에게 있어서는 참으로 신비스러운 존체일 수밖에 없다.

생로병사生老病死의 문제로 고민하는 현생인류에게 인간실존의 가치 존재를 깨닫게 하는 하늘나라 복福된 진리의 말씀을 그리스도 사랑의 숨결로 이 땅에 보내시어 영생의 소망으로 삶의 위로를 얻게 해 주셨기 때문이다.

그 섭리하심이 처음과 끝이라는 알파와 오메가 하나님의 단계적인 천기운행天氣運行으로, 2000년 전 유대민족 혈통 텃밭에 인자人子로 출현하셨다는 구세주 성자예수께서 설파하신 성부하나님 그 약속의 선물이 하늘나라 기쁜 소식으로 신약을 천국복음서天國福音書라고 한 것이다.

그 가르치심이 인간 한시적인 삶의 허무감에서 벗어나게 하는 천지인天地人 합일合一의 일원론一元論으로 전 인류에게 영생의 소망을 안겨주는 진리의 말씀이 고등종교 기독교 세계관이다.

성자예수 출현은 유대 이스라엘 민족의 뿌리가 세워진 4000년 만이었다. 그동안 그 백성들은 그들의 민족뿌리 창조 수호신 여호와로부터 너와 나를 개체로 분리시키는 이분법적二分法的인 것만을 배워오던 십계명十誡命 율법시대律法時代였다.

그 계율戒律이 그처럼 옳고 그름을 분별하지 못했다는 원시인간 아담의 후손들에게 분별력을 심어주기 위한 의식진화의 방편법方便法으로, 그것이 유대민족 창조 수호신으로서 의무와 책임을 다하기 위한 여호와의 지혜였음이다.

그렇기 때문에 이스라엘 백성들이 그 계율戒律을 어겼을 때에 거기에 대한 응징의 벌을 주어 관리 수호함으로 그 백성들이 절대자 천주天主 하나님으로 믿고 섬겨야 할 대상이 오직 여호와임을 주입시키는 행사로 일관되어지고 있는 내용이 구약이다.

그 기록에서 놀라운 것은 오늘 서구 신학자들이 지구촌 인류시원의 뿌리를 유대민족 혈통계보에 묶어 단일화시키는 논리와는 달리 그 당시 이스라엘 민족과 경계의 선을 긋고 있는 이방민족들이 각기 존재하고 있었음을 주지시켜 주고 있다는 사실이다.

그들 역시도 그들이 믿고 섬겨야 할 주신主神을 달리하고 있었음을 구약의 내용 속에서 밝혀주고 있다(신명기11장 22~32).

너희가 만일 내가 너희에게 명하는 이 모든 명령을 잘 지켜 행하여 너희 하나님 여호와를 사랑하고 그 모든 도를 행하여 그에게 복종하면 여호와께서 그 모든 나라 백성을 너희 앞에서 다 쫓아내실 것이라, 너희가 너희보다 강대한 나라들을 얻을 것인즉 너희 발바닥으로 밟는 곳은 다 너희 소유가 되리니 너희의 경계는 곧 광야에서부터 레바론까지와 유브라데 하수라 하는 하수에서 서해까지라, 너희 하나님 여호와께서 너희에게 말씀하시는 대로 너희 밟는 모든 땅 사람들로 너희를 두려워하고 무서워하게 하시리니 너희를 능히 당할 사람이 없으리라.

내가 오늘날 복과 저주를 너희 앞에 두나니 너희가 만일 내가 오늘날 너희에게 명하는 도에서 돌이켜 떠나 너희 하나님 여호와의 명령을 듣지 아니하고 본래 알지 못하던 다른 신들을 좇으면 저주를 받으리라, 네 하나님 여호와께서 네가 가서 얻을 땅으로 너를 인도하여 들이실 때에 너는 그리심산에서 축복을 선포하고 에발산에서 저주를 선포하라.

이 두산은 요단강 저편 곧 해지는 편으로 가는 길 뒤 길갈 맞은편 모레 상수리나무 곁의 아라바에 거하는 가나안 족속의 땅에 있지 아니하냐, 너희가 요단을 건너 너희 하나님 여호와께서 너희에게 주시는 땅에 들어가서 얻으려 하나니 반드시 그것을 얻어 거기 거할찌라, 내가 오늘날 너희 앞에 베푸는 모든 규례와 법도를 너희는 지켜 행할찌니라.

위의 내용에서 분명히 밝혀주고 있는 것이 '그 모든 나라 백성들'이다. 그들이 유대 이스라엘 민족과 이웃하고 있었다는 이방족속들이며, 그 족속을 수호하는 '다른 신들'이 각기 존재하고 있었음을 그 내용 속에서 그처럼 명시해 주고 있다는 사실이다.

그 기록을 통해서 이스라엘 족속과 이웃하고 있었다는 나라들, 곧 동양과는 반대편 그 서양 여러 나라들이 독자적으로 주신主神을 달리하고 세상을 살아가는 초보적인 가르침을 받으면서 진화를 하고 있는 그 시대 분위기를 짐작해 볼 수 있게 해주고 있다.

그처럼 구약 출애굽기에서 밝혀주고 있는 그 이방족속 나라들과 이웃하고 있으면서 유대 이스라엘 나라를 세우고 열심히 관리 수호해온 여호와의 가르침이 이분법二分法으로 축복과 저주를 선포하고 있는 출애굽기 장면이다.

그 기록을 유추해 보더라도 오늘 서구 신학자들이 지구촌에 분포되어 있는 오색인종五色人種을 유대민족의 주신主神 여호와의 창조물로 아담과 이브 혈통계보에 묶어 설파하는 것도 문제지만, 고등종교 스승 성자예수를 여호와의 아들 계보에 예속화시킨다는 것 역시도 내용상으로나 이치상으로 도무지 합리성이 없는 논리임에 틀림이 없다.

오늘 지구촌 현생인류는 과거 그처럼 각 족속의 주신主神들로 하여금 가르침을 받아오던 원시시대를 거쳐 진화 발전되어 이제 4차원의 우주시대를 열어가고 있다. 그런 만큼 과거와는 달리 형이상학적 고등종교 기독교 세계관을 구약시대 초급한 유대교 가르침의 세계관 속에 편향시키고 있는 신학자들의 논리가 과연 무지無知의 소산인지, 아니면 또 다른 어떤 의도에서 비롯된 것인지를 다시 생각해 보게 해준다.

그처럼 고등종교가 주는 목적과는 달리 구약의 세계관과 신약의 세계관을 한 계열로 묶어 혼합시킨 시스템 속에서 인간 실존의 가치체제를 잃고 초급한 전통적인 유대교 논리에 오히려 맹신을 강요당하고 있는 실태이기 때문이다.

성자예수로 그 문이 열린 고등종교 기독교 세계관은 구약시대 여호와 물질 축복에 편향된 그런 기복신앙이 아니라 어디까지나 형이상학적으로 영혼의 안위와 욕구를 살리는 정신과학이다.

그런데 놀랍게도 오늘 그처럼 왜곡된 기독신학 논리는 구약시대 이스라엘 백성들이 유일신唯一神 여호와를 주신主神으로 믿고 숭배하던 유대교와 혼합된 종교논리로 많은 영혼을 노략질하는 바로 그 '사단의 회'라고(요한계시록 2장 9~10)에 분명히 그 경계의 암시를 주고 있다는 사실이다.

> 자칭 유대인이라 하는 자들의 훼방도 내가 아노니 실상은 유대인이 아니요 사단의 회라.

참으로 더 없이 명쾌한 계시가 아닐 수 없다. 위의 성구에서 그처럼 지적하고 있는 그 '자칭 유대인'이라고 하는 자들이 바로 그 문제다. 그들이 실상은 유대인이 아니면서도 그처럼 지구촌 오색인종五色人種을 아담과 이브의 후예라고 그 혈통계보를 왜곡시킴과 동시에 구약시대 여호와 가르침의 율법적인 계율 법도에 따라 날과 절기를 지키게 하면서 제물헌납이나 요구하는 그들의 논리가 영혼구원의 기독교 세계관을 훼방하는 '사단의 회'임을 분명히 명시해 주고 있다는 사실이다.

기독교 스승 성자예수께서는 성부하나님 종복從僕 여호와가 그 이스라엘 텃밭을 가꾸면서 초등학문만을 가르치던 율법 구약시대와 진리의 성자 그 신약시대 고등종교 가르침의 세계관을 구별을 하라는 뜻에서 다음과 같이 말씀하셨다(마태복음 9장 16~18).

생베 조각을 낡은 옷에 붙이는 자가 없나니 이는 기운 것이 그 옷을 당기어 헤어짐이 더하게 됨이요, 새 포도주를 낡은 부대에 넣지 아니하나니 그렇게 하면 부대가 터져 포도주도 쏟아지고 부대도 버리게 됨이라, 새 포도주는 새 부대에 넣어야 둘이 다 보존되느니라.

그 가르치심이 바로 기독교 세계관이다. 고등종교 스승 예수께서는 과거 구약시대 그처럼 초급한 물질추구의 기복신앙에서 삶의 위안을 느끼며 살아가는 그 이스라엘 백성들을 향해 영혼 실상을 깨닫지 못하는 가엾은 사망의 자식들이라고 지적하시고 '부자가 천국 들어가기가 낙타가 바늘 구멍으로 들어가기보다 더 어렵다'고 하시며, '너희가 중언부언 기도하지 말고 오직 그 나라와 그 의義를 구하라'고 하시었다.

그 말씀이 바로 그와 같은 율법적인 기복신앙에 더는 매달리지 말고 벗어나라는 뜻이다. 인간의 삶 자체가 눈에 보이는 이 현상세계가 전부인 것처럼 물질을 추구하지만 실상은 눈에 보이지 않은 오묘한 세계가 인간의 운명적인 엮임 속에 이어져 있다는 의미를 내포하고 있는 것으로, 그 말씀이 고등종교 세계관이다.

성자 예수께서는 분명히 하나님은 무엇이 부족한 것처럼 제물을 원하지 않으시고, 또 손으로 지은 전에 계시지 아니함으로 너희 마음을 성전삼고 늘 깨어서 기도하는 것이 하나님께서 기뻐하시는 진정한 산제사라고 말씀하셨다.

그러한 고등종교 스승 성자예수 가르침과 구약시대 유대교 초등학문의 스승 여호와 가르침의 세계는 하늘과 땅만큼 그 차원이 엄연히 다름을 구약의 내용 속에서 유추해 볼 수 있게 해준다(열왕기상 9장 6~10).

> 만일 너희나 너희 자손이 아주 돌이켜 나를 좇지 아니하며 내가 너희 앞에 둔 나의 계명과 법도를 지키지 아니하고 가서 다른 신을 섬겨 그것을 숭배하면 내가 이스라엘을 나의 준 땅에서 끊어 버릴 것이요, 내 이름을 위하여 내가 거룩하게 구별한 전이라도 내 앞에서 던져버리리니 이스라엘은 모든 민족 가운데 속담거리와 이야깃거리가 될 것이며, 이 전이 높을지라도 무릇 그리로 지나가는 자가 놀라며 비웃어 가로되 여호와께서 무슨 까닭으로 이 땅과 이 전에 이 같이 행하셨는고 하면 대답하기를 저희가 자기 열조를 애굽 땅에서 인도하여 내신 자기 하나님 여호와를 버리고 다른 신에게 부종하여 그를 숭배하여 섬기므로 여호와께서 모든 재앙을 저희에게 내리심이라 하리라 하셨더라.

위의 성구에서 나타내 주고 있는 것이 여호와의 이름을 거룩하게 구별하기 위하여 성전을 건축했다는 것과 또 여호와의 계명과 법도는 오직 이스라엘 백성들에게만 국한된 것으로, 다른 민족과는 전혀 무관함을 나타내 주고 있다.

뿐만 아니라 그 성구에서 분명히 표출시켜 주고 있는 것이 이스라엘 백성들이 실재적으로 자기들의 하나님 여호와를 버리고 다른 신을 숭배하여 섬기므로 모든 재앙을 내린다는 그 선포다.

그 기록을 보더라도 그 당시에 이방민족을 관리 수호해온 또 다른 신들의 존재가 그처럼 분리되어 있었음을 분명히 시사해 주고 있다. 뿐만 아니라 여호와 영광을 위해서 창조했다는 이스라엘 백성들이 그렇게 다른 신들을 더 크게 보고 쫓아가 섬겼다는 것은 여호와 역시도 이방나라를 관리 수호하고 있는 그 신들이나 다를 것이 없는 대등한 동격의 위치로 지구촌에 인간 종자씨를 모종하고 가꾸어 나온 태초의 성부하나님 그 종복從僕의 신분임을 분명하게 드러내 주고 있다는 사실이다.

그것이 천상의 사람, 그 신계 족들에게 주어진 시대적 사명으로 성자예수께서 주인이 농사짓는 비유를 들어 말씀하신 그 이치가 바로 그것이다.

이른 봄, 밭에 나가서 씨를 뿌리는 일은 주인이 종을 내보내어 하는 일이고, 싹이 무성할 때쯤 그 종자 씨들을 알곡으로 익히기 위해서 주인이 아들을 그 밭에 내보내어 생명수를 뿌리게 한다는 그 비유의 말씀이 너희가 시대구별을 하라는 뜻이다. 유대 땅에 성자예수 출현은 하나님의 종복들이 그 종자 씨밭을 열심히 가꾸어 나오던 구약시대를 종결짓고, 성자의 신약 천국 복음시대로 그 문이 열리게 되는 그 시대 변화를 깨달으라는 말씀이었다.

그 시대 변화가 성부하나님의 섭리역사로 유대민족 뿌리가 세워진 4000년 만에 그 텃밭에 출현하신 성자예수께서 그 백성들을 향해 하신 말씀이 '너희에게 새 계명을 주노니 네 이웃을 내 몸과 같이 사랑하고 또 원수까지도 사랑하라.' 하신데 이어서 '그것이 내 아버지의 뜻이니라.'고 하시었으며, 또 '나는 율법의 완성이니라.'고 하신 선포의 말씀에 유대교 지도자들은 그야말로 놀라워하고 어이없어 했다.

율법은 그들이 절대자 천주님으로 믿고 숭배하는 여호와 하나님의 지상명령의 계율戒律로 엄히 지켜야 했었기 때문에 충격적일 수밖에 없었다.

그런데 그들을 더욱 어이없게 만든 것은 그동안 너희가 본질상 하나님이 아닌 자들에게 종노릇하였다고 하시며, 그 율법은 초등학문이라고 지적하심과 동시에 내가 너희를 율법에서 해방시키러 왔다고 하셨기 때문이다.

구약시대 이스라엘 백성들로서는 그 말씀이 이해되지도 않았을 뿐만 아니라, 또 받아드릴 수도 없었다. 그들의 수호신 여호와의 계율을 어기고 다른 신을 쫓게 되면 거기에 언제나 진노의 벌이 따랐기 때문에 일반 백성들은 그렇게 선포하는 예수를 선지자들이 예언했던 그 메시아라는 확신을 갖느냐, 아니면 자신들이 숭배해온 유대교 전통 사상에 충실하느냐 하는 기로에 서게 되었다.

그러나 그 무리 중에서 몇몇이 과거 자신들이 속해 있었던 이전의 회당 지도자들과 또 동료들이 알아채지 못하도록 비밀하게 밤중에

예수를 찾아오기도 했었다.

그러한 시대 분위기에서 결정적으로 유대교 지도자들과의 논쟁으로 충돌하게 된 것은 그들이 믿고 숭배해온 여호와 율법을 이제는 폐하고 영원무궁한 하늘나라 그 '새 계명' 천법天法을 배우라고 하셨기 때문이다.

그 가르치심은 유대교 회당을 위협하는 것과 같았기 때문에 그들은 예수를 귀신이 들린 사람으로 내쳤고, 예수께서는 추종하는 몇몇 제자들과 함께 거듭 몇 번이나 그들로부터 쫓김을 당하기도 했었다.

그처럼 구약시대 유대교 지도층 서기관들과 대제사장들이 예수를 어떻게 반대하고 비난하며 논쟁을 일으켜 왔는지, 그 천도의 가르치심과 함께 이때 예수를 따르는 몇몇 제자들이 스승의 행적과 주고받았던 대화를 글로 써서 자신들이 속했던 공동체 구성원들에게 돌려 증언했고, 또 자신의 동료들에게 보내는 적절한 메시지를 담아두고 있는 내용이 신약복음의 전체적인 내용이다.

신약복음은 하늘나라 '기쁜 소식'을 전한다는 뜻이다. 그 복음서는 초기 성자예수 제자들로 구성된 단체모임으로 그들 역시도 여호와를 천주 하나님으로 믿고 숭배해 왔었던 유대교 전통 출신들이다. 하지만 그들은 권위주의적인 유대교 지도층들과는 달리 성자예수의 가르침에 구세주 메시아라는 새로운 확신을 갖게 되면서 스스로를 보존하려는 전승단계의 노력에서 점차적으로 그리고 신중하게 그 기록이 형성되었음을 시사해 준다. 성자예수께서는 그 진리의 말씀에 대한 본질적 뜻과, 또한 그 가르침의 방법을 제자들과의 대화에서 제시해

준 것이다.

그처럼 전통성을 주장하는 유대인들과의 마찰할 수밖에 없었던 시대 분위기 속에서 유대교 전통사상을 주장하는 그들과 투쟁하고 논쟁하는 초기 기독교인들을 격려하고 강화시켜 주기 위해 제자들에 의해 작성된 기록이 신약복음서다. 또 한편으로는 제자들이 기독신앙에 관심을 가지고 있는 과거 동료 유대인들에게 자신의 글을 읽고 개종했으면 하는 마음과 함께 나사렛 예수에 대한 역사적 회고에 근거한 구두전승과 문서전승을 한 기록이 〈4복음서〉로 그 형태를 갖추어 보존될 수 있었던 것이다.

그처럼 구약시대를 종결짓기 위해 유대 땅에 출현하셨던 성자예수께서는 그 시대 유대교 특권층에 있는 제사장들과 수없이 마찰을 일으키면서 배타를 당하셨고, 그처럼 온갖 수모를 다 겪으셔야만 했었다.

그만큼 기존의 율법신앙에 묶여 있었던 이스라엘 백성들로서는 예수께서 시대구별을 하라는 말씀의 뜻을 이해하기도 어려웠고, 또한 쉽게 받아드릴 수도 없는 그런 시대 분위기로 거기에서 벗어나기란 결코 쉬운 일이 아니었다.

하지만 여호와의 율법에서 벗어나서 이제는 '자유함'을 얻으라는 성자예수의 말씀이 죽을 수밖에 없는 사망의 자식들을 하늘나라 영생의 말씀으로 거듭남을 입게 해주겠다는 재창조의 복귀 섭리역사로 유대 땅에 오고간 선지자들이 예언했던 평강의 왕 구세주 메시아 출현이었다.

그렇다면 구약시대 이스라엘 백성들에게 그 초등학문이라는 율법 십계명을 가르쳐 온 여호와 신과, 영원한 하늘나라 생명의 말씀으로 거듭남을 입게 해주려고 출현하셨다는 고등종교 스승 성자예수와는 과연 어떠한 관계성을 가지고 있느냐 하는 것이다.

그 관계성이 구약의 내용상으로 볼 때, 오늘 서구 신학자들이 주장하는 논리대로 예수께서 지칭하신 '내 아버지'가 이스라엘 백성들이 천주하나님으로 믿고 숭배해 왔었던 여호와라는 것은 도저히 일치될 수가 없는 논리다.

유대민족의 주신主神 여호와가 오늘 기독교 신학자들이 설파하는 태초에 우주만물을 빛의 말씀으로 창조하셨다는 그런 하나님의 능력이라면 그처럼 무지스러웠다는 원시인간 아담과 이브를 창조하고 인간 만듦을 한탄했다는 그 기록과도 이치적으로 맞지 않는 논리이기 때문이다.

뿐만 아니라, 구약시대 여호와는 그 백성들에게 초급한 율법을 가르치면서 응징의 벌로 다스렸다. 그런데 그 여호와의 아들로 묶어 설파하는 예수가 하늘나라 대도의 천법天法을 가르치러 왔다고 하시며, '내 아버지는 사랑이라' 하셨던 것이고 보면 이치적으로도 합리적일 수가 없는 일이다.

구약시대 유대 땅에 출현하신 예수께서는 여호와의 십계명 율법으로 다스림을 받고 있는 이스라엘 백성들을 외형적으로는 사람으로 보이지만, 그러나 내면은 악취 풍기는 썩은 송장과 같다는 뜻에서 '회칠한 무덤들아! 너희는 살아 있으나 죽은 자들이다.' 하시고' 그들을 걸어 다니는 '송장'에다 비유하셨다.

그 말씀을 미루어 보더라도 그 시대 사람들은 영혼생명이 없는 다만 허상의 육체뿐인 인간으로 짐승들이나 다를 것이 없었다는 의미를 내포하고 있음이다.

그렇다면 그처럼 동물농장과 같은 인간 '종자 씨' 유대 텃밭을 열심히 수호관리하며 가꾸어 나온 유대민족의 조상신 여호와의 존재부터가 그 의문을 던져주게 된다. 그 문제가 오늘 서구 신학자들이 명쾌하게 풀어내야 할 숙제다.

그 시대 이스라엘 제사장은 율법 제사의식을 집행하기 위해 여호와가 특별하게 뽑아 세운 선택받은 자들이다. 그런데 그들이 성자예수를 결국은 이단의 괴수로 내몰아 십자가에 메달아 참수형을 당하게 내쳤었다. 그 죄목이 그들 조상뿌리에서부터 절대자 천주天主하나님으로 믿고 섬기는 여호와를 감히 불경스럽게 본질상 하나님이 아니라고 폄하했다는 것이 그 이유로 불경모독죄에 속한 것이었다.

사실 성자예수가 신학자들의 논리 주장대로 여호와 하나님의 아들이라고 한다면 당연히 그 아버지가 되는 입장에서 그들의 무지스러움을 사전에 막았어야 이치적으로도 맞는 이야기가 된다. 예수께서는 분명히 '내 아버지 하나님은 사랑이시라.'고 하셨기 때문이다.

바로 그 부분이다. 예수께서 지칭하신 사랑의 하나님이 여호와라고 한다면 예수께서 자신의 아버지를 본질상 하나님이 아니라고 지적할 수도 없었겠지만, 또한 그 아버지가 된다는 여호와가 아들이 십자가에 매달려 피를 흘리는 참상을 구경만 하고 있었다는 것 역시도 이치적으로나 내용상으로도 맞지 않는 논리다.

더구나 그 당시 이방민족과의 맞수대결 전투에서 그 백성들이 승리의 북소리를 울리게 하는 전략적인 술수까지도 직접 가르치고 또 진두지휘를 해왔었던 여호와의 행사 모습은 예수께서 내 아버지는 '사랑'이라고 하신 그 위상의 모습과는 도저히 일치될 수가 없는 일이다.

그것이 오늘 기독신학의 핵심적인 의문의 숙제로 풀어내야 할 문제점이다. 서구 신학자들의 성서풀이 해석은 그들이 그처럼 믿고 숭배해 왔던 여호와를 대우주적인 성부하나님으로 천지와 만물을 단계적으로 창조하셨다는 전지전능하신 하나님으로 격상시켜 설파하고 있다. 하지만 거기에 일치될 수가 없는 여호와의 행사行事 모습이다.

구약의 내용 속에서 보여주는 여호와 행사의 전반적인 전개 상황은 태초의 천지부모 하나님의 위상과 능력이 아님을 분명히 밝혀주고 있는 것으로, 실재적으로 모세와 마주하고 대화를 나누는 그 장면의 기록에서도 나타내 주고 있다(출애굽기 3장 6~22).

> 하나님이 또 모세에게 이르되, 너는 이스라엘 자손에게 이같이 이르기를, 나를 너희에게 보내신 이는 나의 영원한 이름이요, 대대로 기억할 나의 표호니라, 너는 가서 이스라엘 장로들을 모으고 그에게 이르기를 너희 조상의 하나님 곧, 아브라함의 하나님 이삭과 야곱의 하나님이 내게 나타나 이르시되, 내가 진실로 너희를 권고하여 애굽의 고난 중에서 인도하여 내어 젖과 꿀이 흐르는 땅 곧 가나안 족속, 헷족속 아모리족속, 브리스족속, 히위족속, 여브스족속 땅으로 올라가게 하리라 하면 그들이 네 말을 들으리니 너는 그들의 장로들과 함께 애굽왕에게 이르기를 히브리 사람

의 하나님 여호와께서 우리에게 임하셨은 즉, 우리가 우리 하나님 여호와께 희생을 드리려 하오니 사흘 길쯤 광야로 가기를 허락하소서 하라.
내가 아노니 강한 손으로 치기 전에는 애굽왕이 너희의 가기를 허락지 아니하다가 내가 내 손을 들어 애굽 중에 여러 가지 이적으로 그 나라를 친 후에야 그가 너희를 보내리라. 내가 애굽사람으로 이 백성에게 은혜를 입히게 할찌라, 너희가 갈 때에 빈손으로 가지 아니하리니 여인마다 그 이웃 사람과 및 자기 집에 우거하는 자에게 은 패물과 금 패물과 의복을 구하여 너희 자녀를 구하라. 너희가 애굽 사람의 물품을 취하리라.

위의 기록에서 여호와는 이스라엘 민족에게만 국한된 조상신임을 그처럼 분명히 밝혀줌과 동시에 그 당시에 이웃하고 있었던 여러 족속과 그들을 주관하는 조상신 역시도 달리 존재하고 있었음을 그 성구에서 분명하게 명시해 주고 있다는 사실이다.

이스라엘 백성들이 이방나라 애굽의 백성 밑에서 그처럼 노예생활을 한 것은 무려 400년 동안이었다. 이스라엘 백성들이 애굽의 노예로 팔려가게 된 동기는 그처럼 이스라엘의 하나님이라고 하는 여호와의 계율, '나 이외는 다른 신을 섬기지 말라!'는 그 율법을 어기고 어느 한때 이방민족 신들의 능력을 더 크게 보고 섬겼기 때문에 거기에 대한 응징의 벌로 그 자손들이 그처럼 애굽(이집트)에서 노예생활로 온갖 혹사를 당하게 했다는 것이다.

그것이 그 조상 무지無知에 의한 죄과의 허물로, 조상의 업보가 삼사대에 이르기까지 받게 된다고 경고했었던 여호와였으며, 그 실재 상황을 자손들에게 보여주고 마침내 그 노예생활 400년 만에 애굽에서 구원해 내는 장면의 기록이 바로 그 출애굽기다.

그처럼 구약의 내용은 그 당시 유대족속 이외에 또 다른 이방족속들이 섬기는 주신主神을 달리하고 실재적으로 존재하고 있었음을 다음 대목에서도 나타내 주고 있다.

> 야곱 족속아 오라! 우리가 여호와 빛에 행하자, 주께서 주의 백성을 버렸음은 그들에게 동방의 풍속이 가득하며, 그들이 브레셋 사람같이 술객이 되며 이방인으로 더불어 손을 잡아 언약하였음이라.

그 내용에서 나타내 주는 것이 바로 그 '이방인'이며, 또한 동방의 풍속이다. 뿐만 아니라 여호와 자신이 이스라엘 민족에 극한된 주신主神임을 다음 기록에서도 분명히 해주고 있다(에스겔 13장9~10절).

> 그 선지자들이 허탄한 묵시를 보며 거짓 것을 점쳤으니 내 손이 그들을 쳐서 내 백성의 공회에 들어오지 못하게 하며 이스라엘 족속의 호적에도 기록되지 못하게 하여 이스라엘 땅에도 들어가지 못하게 하리니 너희가 나를 여호와인 줄 알리라. 이렇게 칠 것은 그들이 내 백성을 유혹하여 평강이 없으나 평강이 있다함이라. 혹 이 담을 쌓을 때에 그들이 회칠을 하는 도다.

위의 성구에서 분명히 해주는 부분이 그 '선지자들'이다. 그들은 여호와의 진두지휘하에 이방족속과 거듭되는 맞수대결의 전쟁으로 평강이 없는 이스라엘 백성들에게 평화를 추구하는 민족이 따로 있음을 귀띔해 주고 있었기 때문에 이스라엘의 주신主神 여호와의 마음이 편치 않아 경계의 담을 쌓게 됨을 기록해 두고 있다.

뿐만 아니라 여호와는 다른 이방족속들의 주신主神과는 달리 준비된 전쟁신의 입지로 그 능력을 과시하고 있음을 다음 성구에서 분명히 드러내 주고 있다(에스겔 21장 6~18).

> 여호와의 말씀이 또 내게 임하여 가라사대,
>
> "너는 예언하여 이르기를 여호와의 말씀에 칼이여, 날카로움은 살육을 위함이요, 마광됨은 번개같이 되기 위함이니 우리가 즐거워하겠느냐, 내 아들의 홀이 모든 나무를 업신여기는 도다. 그 칼이 손에 잡아 쓸만 하도록 마광되어 살육하는 자의 손에 붙이기 위하여 날카롭게 마광되었도다 하셨다 하라, 인자야, 너는 부르짖어 슬피 울찌어다, 이것이 내 백성에게 임하여 이스라엘 모든 방백에게 임함이로다, 그들과 내 백성이 함께 칼에 붙인바 되었으니 너는 네 넓적다리를 칠찌어다, 이것이 시험이라, 만일 업신여기는 홀이 없어지면 어찌할꼬, 나 주 여호와의 말이니라,
>
> 그러므로 인자야 너는 예언하며 손뼉을 쳐서 칼로 거듭 세 번 쳐서 씌우게 하라, 내가 그들로 낙담하여 많이 엎드러지게 하려고 그 모든 성문을 향하여 번쩍번쩍하는 칼을 베풀었도다, 오호라, 그 칼이 번개 같고 살육을 위하여 날카로웠도다. 칼아 모이라, 우향하라, 항오를 차리라, 좌향하라, 향한 대로 가라, 나도 내 손뼉을 치며 내 분을 다하리로다, 나 여호와 말이니라."

바로 그것이다. 그 내용에서 나타내 줌과 같이 여호와 신이 보여주는 행사 모습은 기독교 스승 성자예수께서 지칭하신 의로우시며, 태

초에 만물을 그 '한 틀' 속에서 창조하셨다는 그런 하나님의 모습일 수가 없다. 뿐만 아니라 지구촌 전체 인류가 서구 신학자들의 논리대로 유대민족의 단일 혈통계보가 아님을 다음 기록의 내용에서도 더욱 분명히 밝혀주고 있다(예레미아 25장 15~20절).

이스라엘 여호와 하나님께서 이같이 내게 이르시되, "너는 내 손에서 이 진노의 잔을 받아가지고 내가 너를 보내는 바 그 모든 나라로 마시게 하라, 그들이 마시고 비틀거리며 미치리니 이는 내가 그들 중에 칼을 보냄을 인함이니라, 하시기로 내가 여호와의 손에서 그 잔을 받아서 여호와께서 나를 보내신바 그 모든 나라로 마시게 하되, 예루살렘과 유다 성읍들과 그 왕들과 그 방백들로 마시게 하였더니 그들이 멸망과 놀램과 처소와 저주를 당함이 오늘날과 같으니라,

또 애굽왕 바로와 그의 신하들과 그의 방백들과 그의 모든 백성과 모든 잡족과 우스 땅 모든 왕과 블레셋 사람의 땅 모든 왕과 아스글론과 가사와 에그론과 에스돗의 남은 자와 에돔과 모압과 암몬 자손과 두로의 모든 왕과 시돈의 모든 왕과 바다 저편 섬의 드단과 데마와 부스와 털을 모지게 깎은 모든 자와 아라비아 모든 왕과 광야에 거하는 잡족의 모든 왕과 시므리의 모든 왕과 엘람의 모든 왕과 매대의 모든 왕과 북방원근의 모든 왕과 지면에 있는 세상의 모든 나라로 마시게 하니라,

세상 왕은 그 후에 마시니라, 너는 그들에게 이르기를 만군의 여호와 이스라엘의 하나님 말씀에 너희는 마시라 취하라, 토하라, 엎드러지고 다시는 일어나지 말라, 이는 내가 너희 중에 칼을 보냄이 인함이니라, 하셨다 하라, 그들이 만일 네 손에 잔을 받아 마시기를 거절하거든 너는 그들에게 이르기를 만군의 여호와의 말씀에 너희가 반드시 마시리라.

보라 내가 내 이름으로 일컬음을 받는 성에서부터 재앙 내리기를 시작하였은 즉, 너희가 어찌 능히 형벌을 면할 수 있느냐, 면치 못하리니 이는 내가 칼을 불러 세상의 모든 거민을 칠 것임이니라, 하셨다 하라, 만군의 여호와 말이니라."

그 내용을 참고해 보더라도 이스라엘 백성들이 천주天主 하나님으로 믿고 섬기는 여호와는 오늘 기독신학에서 설파하는 천지만물을 사랑으로 총괄하신다는 성부하나님의 위엄과 인상에는 도저히 부합될 수가 없다.

뿐만 아니라, 지구촌에 분파되어 있는 오색인종五色人種을 유대민족의 뿌리 아담과 이브의 혈통 자손으로 단일화시키고 있는 서구신학 논리와는 그 내용상으로 볼 때 전혀 다르다는 사실이다.

심지어는 그 당시에 뚜렷하게 왕국으로 세워져 있지 않은 기타 여러 '잡족'이 그처럼 함께 존재하고 있었다는 것까지도 그 기록에서 분명하게 밝혀주고 있다.

그 내용에서 또한 주시되는 부분이 여호와가 보내는 그 칼과 함께 보내는 물을 마시고 취하여 비틀거리고 마침내 엎드려 일어나지 못하게 된다는 그 부분이다.

유대 땅에 출현하신 기독교 스승 예수께서는 분명히 '죄 많은 곳에 은혜가 풍성하다'고 하셨다. 그 말씀이 유대민족의 주신主神 여호와로부터 이방민족과 맞수대결로 정복문화만을 배워온 이스라엘 백성들에게 태초의 하나님 그 영혼생명의 실상을 깨닫고 '네 이웃을 사랑하라'고 하신 그 말씀이 하늘나라 영혼생명으로 거듭남을 입게 해준다는 바로 그 영생수永生水라고 하신 것이다.

그렇듯이 그 문구에서 묘사되고 있는 '물'은 곧 인간 정신사상의 방향 제시를 해주는 역할로, 여호와는 그 물을 그냥 보내는 것이 아니라 받아 마시도록 분명히 칼과 함께 보내어 세상 모든 거민들을 그 물을 마시어 취하게 하고 비틀거리며 일어나지 못하도록 하겠다는 그 선포를 그 내용 속에 분명히 해두고 있다.

거기에서 묘사되고 있는 그 '물'이 예수께서 경계를 주고 있는 그 '쑥물'로 말세末世에 많은 영혼을 혼미시켜서 노략질하는 '사단회'로, 그들이 바로 하나님의 일을 훼방하는 거짓말하는 자들이라고 했으며, 그들의 심판의 때가 이르게 될 것이라고 〈요한계시록 3장9절〉에 분명히 기록해 두고 있다는 사실이다.

그들의 거짓말은 하나님의 실상을 왜곡시키고 있는 것으로 태초의 성부하나님의 신위에 그처럼 이방민족과 능력대결로 전쟁을 주도해온 이스라엘민족의 주신 여호와를 격상시켜 지구촌에 설파하고 있는 논리가 바로 그 서구의 기독신학이다.

그러한 논리에 의해서 추락된 것은 성부하나님의 위상뿐만이 아니다. 성자예수께서 세상에 인자人子로 출현하시기 위해 성령으로 잉태하여 탯줄을 감고 나왔을 뿐인 마리아를 하늘나라 영계의 성모聖母하나님 그 신위에 격상시켜 설파하고 있다.

하지만 예수께서는 그 부분에 대해서 다음 성구에서 그 관계성을 분명히 밝혀주고 있다(마태복음 12장 46~50).

예수께서 무리에게 말씀하실 때에 그 모친과 동생들이 예수께 말하려고 밖에 섰더니 한 사람이 예수께 여짜오되,

"보소서, 당신의 모친과 동생들이 당신께 말하려고 밖에 섰나이다." 하니 말하던 사람에게 대답하여 가라사대,

"누가 내 모친이며 내 동생들이냐?" 하시고 손을 내밀어 제자들을 가리켜 가라사대,

"나의 모친과 나의 동생들을 보라, 누구든지 하늘에 계신 내 아버지의 뜻대로 행하는 자가 내 형제요 자매요, 모친이니라," 하시니라.

그처럼 예수께서는 육신의 모친 마리아의 몸을 성령으로 잉태하여 잠시 빌렸을 뿐임을 밝혀주심과 동시에 세상 끝에 하나님의 실상을 그처럼 오도시키는 그 '가라지'들의 정체를 다음과 같이 비유를 들어 말씀해 주시었다(마태복음 13장 18~36).

그런즉 씨 뿌리는 비유를 들으라, 아무나 천국 말씀을 듣고 깨닫지 못할 때는 악한 자가 와서 그 마음에 뿌리운 것을 빼앗나니 이는 곧 길가에 뿌리운 자요, 돌밭에 뿌리웠다는 것은 말씀을 듣고 즉시 기쁨으로 받되, 그 속에 뿌리가 없어 잠시 견디다가 말씀을 인하여 환란이 핍박이 일어나는 때에는 곧 넘어지는 자요, 가시떨기에 뿌리웠다는 것은 말씀을 들으나 세상의 염려와 재리와 유혹에 말씀이 막혀 결실치 못하는 자요, 좋은 땅에 뿌리웠다는 것은 말씀을 듣고 깨닫는 자니 결실하여 혹 백배 혹 육십 배, 혹 삼십 배가 되느니라, 하시더라.

예수께서 또 그들 앞에 비유를 들어 가라사대, 천국은 좋은 씨를 제 밭에 뿌린 사람과 같으니 사람들이 잘 때에 그 원수가 와서 곡식 가운데

가라지를 덧뿌리고 갔더니, 싹이 나고 결실할 때에 가라지도 보이거늘 집 주인의 종들이 와서 말하되, 주여, 밭에 좋은 씨를 심지 아니 하였나이까, 그러면 가라지가 어디서 생겼나이까, 주인이 가로되 원수가 이렇게 하였구나,

종들이 말하되, 그러면 우리가 가서 이것을 뽑기를 원하시나이까, 주인이 가로되, 가만 두어라, 가라지를 뽑다가 곡식까지 뽑을까 염려하노라, 둘 다 추수 때까지 함께 자라게 두어라, 추수 때에 내가 추수꾼들에게 말하기를 가라지는 먼저 거두어 불사르게 단으로 묶고 곡식은 모아 내 곳간에 넣으라 하리라,

또 비유를 들어 가라사대, 천국은 마치 사람이 자기 밭에 갖다 심은 겨자씨 한 알 같으니 이는 모든 씨보다 작은 것이로되, 자란 후에는 나물보다 커서 나무가 되매 공중의 새들이 와서 그 가지에 깃들이느니라,

또 비유를 들어 말씀하시되, 천국은 마치 여자가 가루 서말 속에 갖다 넣어 전부 부풀게 한 누룩과 같으니라, 예수께서 이 모든 것을 무리에게 비유로 말씀하시고 아니면 아무것도 말씀하시지 아니 하셨으니 이는 선지자로 말씀하신바, 내가 입을 열어 비유로 말하고 창세로부터 감추인 것들을 드러내리라 함을 이루려 하심이니라.

위의 성구에서 밝혀주고 있음 같이 예수께서 비유로 들어 말씀하신 그 '가라지'가 여호와 신이 칼과 함께 세상 거민들에게 보내어 제 정신을 잃게 만든다는 그 사상무기로 그에 대한 상징성이 바로 그 '물'이라는 의미를 내포해 주고 있다.

사실 오늘 그처럼 기독교 스승의 본질적인 진리의 말씀 위에다가 구약시대 이스라엘 민족에게 정복문화 정신사상을 가르쳐 왔었던 여

호와 신을 성자예수께서 지칭하신 대우주적인 슈퍼 하나님으로 얹어 지구촌에 설파하고 있는 서구 기독신학 논리다. 하지만 그 또한 세상이라는 밭에 그 한 역할을 맡고 있는 어둠역사임을 예수께서 그 비유를 들어 말씀하신 것으로, 주인의 추수 때가 이르면 그 가라지를 뽑아 묶어서 불에 태우게 될 것이라고 말씀하셨다.

그것이 하나님께서 인간농사를 짓는 그 업장의 섭리역사이기 때문에 늘 깨어서 선과 악을 분별하는 지혜를 얻어야 만이 하나님께서 고대하고 바라시는 성숙된 영혼으로 '완성체'를 이룰 수 있게 된다는 그 가르치심이 '평강의 왕' 그리스도 인류구원의 약속의 말씀으로, 진정한 기독교 세계관인 것이다.

지구촌 최초의 전쟁사

구약의 내용 속에서 보여주는 전개상황은 이스라엘 민족과 철저하게 경계의 선을 긋고 있는 이방민족과의 맞수대결의 전투로 그것은 여호와 이분법적二分法的인 가르침에서 비롯된다.

바로 그것이다. 구약의 내용에서 보여주는 여호와신의 전반적인 행사 모습은 예수께서 '내 아버지는 사랑이시라' 하시고 '네 이웃을 내 몸과 같이 사랑하고 원수까지도 사랑하라, 그것이 내 아버지 뜻이니라' 하신 그 일원론적一元論的인 성부하나님의 행사 모습이 결코 아니다.

그것이 오늘 기독신학의 성서풀이 모순의 가장 큰 문제점이다. 그처럼 구약시대 이분법적인 가르침으로 지구촌 최초의 전쟁사를 일구어 나온 유대민족의 조상신 여호와를 대우주적인 성부하나님으로 격상시키는 논리와 함께 지구촌에 분포되어 있는 오색인종五色人種을 유대민족의 뿌리 그 아담과 이브의 혈통계보에 묶어 설파하고 있기 때문이다.

서구 신학자들의 그러한 성서해석의 오류는 기독교 스승 가르침에 철저하게 위배되는 논리다. 예수께서는 그 이스라엘 백성들을 향해 분명히 '네 이웃을 내 몸과 같이 사랑하라'고 하시었다.

거기에서 주목해야 할 부분이 같은 혈통뿌리가 아님을 나타내 주고 있는 바로 그 '네 이웃'이다. 그 말씀을 미루어 보더라도 오늘 서구 신학자들이 지구촌 오색인종이 아담의 후예라는 것은 이치적으로나 내용상으로도 전혀 부합되지 않는 억지스러운 논리로 정당성을 주지 못하고 있다.

그들의 논리 주장대로 절대자 천주 하나님이 여호와라고 한다면 그처럼 이방민족과 물고 물리는 맞수대결을 시키는 전쟁사로 그 땅에 피를 흘리게 하지도 않았을 것은 당연한 이치다.

그와 같이 이방민족과 연속적인 능력대결로 피를 흘리는 유대 땅에 출현하신 예수께서 하신 말씀이 '죄 많은 곳에 은혜가 풍성하다.'고 하신 말씀의 뜻이 바로 그것이다.

그처럼 이방민족과 맞수대결로 죄가 많은 유대 땅에 선지자들이 예언한 구세주 메시아가 출현한 것은 그들의 조상뿌리가 세워진 4000년 만이다. 그 기간 동안 이스라엘 백성들은 그들의 조상뿌리 창조 수호신 여호와로부터 세상을 살아가는 지혜를 이분법적인 십계명 율법으로 배우면서 그들의 생사화복生死禍福을 주관하는 여호와를 절대자 천주 하나님으로 받들어 섬겨오던 시대였다.

그러한 여호와의 가르침 초등학문 율법시대에 선지자들의 예언대로 평강의 왕 구세주로 출현하셨다는 성자예수다. 그 말씀이 이스라엘 백성들을 향해 '진리가 너희를 자유하게 하리라' 하시고 이어서 '나는 율법의 완성이니라' 하시었다.

율법의 완성, 바로 그 부분이다. 성자예수께서는 분명히 원수까지도 사랑해야 하는 것이 '내 아버지의 뜻'이라고 하시고 '나는 아버지의 일을 행하러 왔노라'고 하셨다.

그 말씀을 미루어 보더라도 구약시대 이분법적으로 이방민족과 맞수대결을 진두지휘한 여호와의 행사와는 그 가르침부터가 도저히 아버지와 아들의 관계로 보여질 수도 없고 또 성립될 수가 없다. 그만큼 합리적이지 못한 것이 사실이다.

뿐만 아니라 서구 신학자들의 논리대로 성자예수가 여호와의 아들이라고 한다면 선지자들이 예언한 평강의 왕 구세주 인상에도 이치적으로나 내용상으로도 도저히 부합될 수가 없다. 그런데도 서구신학은 성자예수와 이스라엘 민족 주신主神 여호와를 부자父子 관계로 묶어 지구촌에 설파하는 커다란 오류를 범하고 있다.

그러나 과거와는 달리 의식이 진화된 현대인들은 그 부분에 대해서 의문을 가지고 질문을 던지게 마련이다. 하지만 소위 신학박사란 사람들까지도 '하나님은 인간의 짧은 머리로서는 헤아려 볼 수가 없는 분입니다.' 그리고 통상적인 대답이 의심은 죄가 된다며 무조건 믿어야 한다고 맹신을 강요하고 있다.

하지만 오늘 문명된 현생인류는 논리에 부합되지 않는 종교는 미신이라고 고개를 돌리기에 이르렀다. 그러한 현상이 특히 미국 사회에서 보여주고 있는 실태로 성자예수로 세워진 기독교가 추락하여 성전들이 텅텅 비여서 팔려나가고 있다는 것이다.

그만큼 현대인들은 합리적이지 못한 서구신학 논리에 '왜?'라는 의문과 함께 질문을 던지게 되었고, 거기에 성직자들은 지금까지 그래 왔듯이 신의 이름을 내세워 '의심은 죄가 됩니다' 하고 무조건적인 맹신을 강요하고 있다. 하지만 이제 4차원의 신문명 시대로 돌입해 들어가고 있는 지구촌 현대인들의 지적 의식 수준은 과거와는 달리 변화를 보이기 시작했다.

서양문화권에서 만들어져 나온 불투명한 기독신학 교리의 원시성을 냉철하게 비판함과 동시에 그 여호와 유일신唯一神 숭배사상의 논리에서 깨어나야 만이 진정한 자아自我를 찾음과 동시에 인간의 존엄성을 회복하게 되고 따라서 지구촌 인류평화를 기대할 수 있다고 말하기를 주저하지 않고 있다.

오늘 진보 발전된 현대인들의 의식에 대두되고 있는 것이 바로 '지적설계론知的設計論'으로 1990년 이후 새롭게 등장한 과학이론이다. 그 논제는 서구신학의 합리적이지 못한 생명의 기원과 복잡성에 대해 과학적 이론으로 이제는 반격을 하기에 이르렀다.

그 문제가 우주시대를 열어가는 오늘 현생인류가 그처럼 혼미한 서구신학의 성서풀이 논리에 고개를 돌리는 문제점으로 지금까지 과학자들과의 사이에도 논란의 대결 구도가 되고 있다는 것이다.

하지만 그처럼 어지럽고 혼미한 복잡성의 문제를 놀랍게도 성경 신약과 구약을 통해서 과학적으로도 분명히 밝혀볼 수가 있게 해주고 있다는 사실이다.

다만 성서 창조론 이해의 과정에서 서구 신학자들이 〈창세기 1장〉의 기록을 원시적으로 바로 해득하지 못한 관계로 명쾌한 해답을 주지 못하고 그처럼 논란의 시비가 되고 있는 것이다.

〈창세기 1장〉은 서구 신학자들이 설파하고 있는 여호와 유일신론唯一神論 주장과는 전혀 다른 차원으로 태초의 빛이라는 그 영계靈界의 조화주 하나님의 세계관이다. 거기에는 우주 생명의 존재 근원이신 음양陰陽 조화주 천지부모 하나님께서 '태초의 빛'으로 우주와 만물을 생성시키고 그로부터 대자연과 고리를 잇는 전개과정을 진술하게 담아 두고 있다. 그 기록이 구약시대 성령의 감동을 받고 썼다는 제사장 모세의 기술記述에 의한 것이라고 한다.

그런데 놀랍게도 현대과학의 양자역학으로 비추었을 때 그 이치가 맞물리고 있다는 점이다. 거기에는 우주의 대원인의 시발점, 그 우주 신도의 변화도를 기술해 놓고 있는 것으로, 태초의 조물주 하나님의 능력이라는 '빛의 존재' 그 천지부모 하나님의 실상을 현대 과학적인 논리와 맞추어 새롭게 유추해 볼 수 있게끔 해주고 있다는 사실이다.

이러한 현대문명 앞에서 아직도 과거의 원시성을 탈피하지 못하고 있는 서구신학의 성서 풀이는 이제 일반인들로부터 미신적인 종교라는 비판을 받게 되면서 진정한 영혼 구원의 종교로 기독교가 다시 깨어나야 한다는 그 숙제를 제시해 주고 있다.

지금까지 서구 신학자들의 성서해석 논리는 태초의 우주 근원이신 영계의 천지부모 하나님의 창조론 〈창세기 1장〉과, 이후 지구에 홀로 모습을 나타내고 시작되는 〈창세기 2장〉 신계의 여호와 물질인간 창조역사를 동일한 세계관으로 묶어 이치적으로 맞지 않는 논리를 설파하고 있는 것이 바로 그 논란의 시비가 되고 있는 문제점이다.

그렇기 때문에 구약시대 이방민족과 연속적인 맞수대결로 그 능력을 과시해 온 천상의 천신족天神族 신계神界의 여호와를 본자연本自然으로 존재하신 영계靈界의 성부聖父하나님 신위神位에 격상시킴으로 성자예수께서 '나는 아버지 일을 행하러 왔다'는 그 말씀과 이치적으로 합리성을 주지 못하고 있는 것이다.

하지만 예수께서는 분명히 그 이스라엘 백성들을 향해서 그들이 주신으로 믿고 숭배해 왔던 여호와의 초등학문 그 율법시대가 마감됨을 깨우쳐 주기 위해 주인이 농사짓는 비유까지 들어가면서 그 시대구별을 하라고 거듭 강조하시었다.

그 가르치심이 이방민족과 맞수대결의 피 흘림으로 죄가 많은 유대 땅에 출현하시어 원수까지도 사랑하라고 하신 말씀이, 곧 은혜로우신 성부하나님의 숨결로 성자예수의 출현은 평강의 왕으로 성령의 임재하심이나 마찬가지다.

그 시대 변화를 예수께서는 주인이 농사짓는 비유를 들어 말씀하신 것으로, 성부하나님의 종복從僕 여호와가 그 호흡으로 종자 씨를 뿌리고 가꾸던 초급한 율법의 구약시대를 마감하고, 성부하나님의 아들 성자예수 태초 빛의 말씀(Logos)으로 죽을 수밖에 없는 사망의 자식들을 영혼생명으로 거듭남을 입게 해주겠다는 하나님 약속의 선물이 그리스도 인류구원이라는 사랑의 말씀이다.

그런 뜻에서 예수께서는 이제부터 성부하나님의 '참사랑' 그 하늘나라 대도大道의 천법天法이 무엇이란 것을 깨닫게 하는 '새 계명'을 배우라고 하시며, 와서 듣고 깨달아 그 뜻대로 행하는 자는 영원무궁한 하나님과 일체一體 관계로 비로소 천지부모 하나님을 '내 아버지'라고 부를 수 있는 자녀로 '새 생명'을 얻게 되리라고 하신 것이었다.

그러한 재창조의 섭리역사가 만물을 다스리는 영장靈長으로 하늘나라 영혼생명을 얻게 해주겠다는 것이며, 그 진리의 말씀이 영원히 변하지 않는다는 대우주적인 성부하나님 '참 사랑'의 숨결, 그 진리眞理의 성자예수 신약복음 시대가 문이 활짝 열린 것이다.

그처럼 하늘나라 복福된 영생의 말씀이 태초에 천지만물을 창조하신 하나님께서 섭리하신 천기운행天氣運行의 시대 변화로, 하나님의 종복들에 의해 영혼생명이 없이 창조된 물체인간 사망의 자식들에게 뿌려주신 성자예수 진리의 말씀을 하늘나라 영생수永生水라고 한 것이었다.

그런 뜻에서 예수께서 그 영생의 물을 마시는 자는 다시 살아나리라고 하시고 '너희 믿음대로 이루어지리라'고 말씀하신 그 영생수가 천지창조를 하신 하나님께서 보내주신 사랑의 숨결로, 그리스도 인류구원이라는 바로 그 재창조 복귀 섭리역사다.

그러한 성자예수의 말씀이 신약복음이 담고 있는 전체적인 내용으로, 그처럼 은혜로우신 하나님 사랑의 말씀을 듣고 거듭난 자는 성부하나님의 종복從僕 그 여호와의 율법 굴레에 매인 종이 아니라, 천지부모 하나님의 아들로 '자유함'을 얻게 되리라고 한 것으로 예수께서

'진리가 너희를 자유하게 하리라' 하시었던 그 말씀이 내포하고 있는 의미의 뜻이었음이다.

그 원리가 태초 빛의 말씀으로 우주만물을 창조하셨다는 천지부모 하나님 사랑의 숨결로 거듭남을 입게 해주겠다는 재창조의 섭리역사다. 그러한 하나님의 섭리역사가 예수께서 말씀하신 그 시대 변화로 '새 술은 새 부대에 담아야 둘 다 보존된다' 하시며 '너희가 시대 구별을 하라'고 거듭 이르시고 하늘을 아는 것이 지식의 근본이라고 하셨던 것이다.

그러나 안타깝게도 서구 기독교 신학자들은 오늘에 이르기까지도 과거에 의식이 진화되지 못했었던 구약시대 이스라엘 백성들이나 마찬가지다. 그처럼 시대 구별을 하지 못하고 구약시대 초등학문만을 가르쳐 온 율법신律法神 신계의 여호와를 대우주적인 성부하나님으로 격상시켜 설파하는 혼미한 성서풀이를 하고 있다.

그러한 서구 신학자들의 합리적이지 못한 논리가 성자예수께서 지적하신 눈먼 몽학선생으로 그 말을 믿고 맹종하는 자들이 모두 함께 구렁으로 빠지게 될 것이라고 하시었다.

그 소경된 인도자들의 형태가 어떠한 모습이며, 그들의 또 무엇을 추구하면서 살아가고 있는가 하는 것을 성자예수로 그 문이 열린 신약복음서에 담아 두고 있다(마태복음 24장 24~28).

소경된 인도자여! 하루살이는 걸러내고 약대는 삼키는도다. 화있을찐저 외식하는 서기관들과 바리새인들이여! 잔과 대접의 겉은 깨끗이 하되,

그 안에는 탐욕과 방탕으로 가득하게 하도다. 소경된 바리새인아! 너는 먼저 안을 깨끗이 하라, 그리하면 겉도 깨끗하리라, 화있을 찐저 외식하는 서기관들과 바리새인들이여! 회칠한 무덤 같으니 겉으로는 아름답게 보이나 그 안에는 죽은 사람의 뼈와 모든 더러운 것이 가득하도다, 이와 같이 너희도 겉으로는 사람에게 옳게 보이되 안으로는 외식과 불법이 가득하도다.

바로 그것이다. 오늘 세계의 기독교 신학자들은 한시적인 물체뿐인 아담과 이브를 창조했으나 영혼생명을 불어넣어 줄 수 없었던 성부하나님의 종복 신계의 여호와를 대우주적인 성부하나님으로 격상시킴과 동시에 그 율법적인 초등학문의 굴레에서 벗어나지를 못하고 있다.

그처럼 혼미한 종교 논리가 아직까지도 그 시대 구별을 하지 못한 눈먼 몽학선생으로 구약시대 그처럼 구획적인 선을 긋고 그 텃밭에 인간 '종자 씨'를 뿌리고 가꾸며 관리 수호하던 구약시대의 여호와 행사의 세계관과, 진리의 성자예수 신약복음의 세계관을 '한 틀'에 묶어 설파하고 있음이다.

그들이 바로 예수께서 말씀하신 눈먼 소경으로 '소경이 소경을 인도할 수 있느냐?' 둘이 다 구덩이에 빠지지 아니하겠느냐고 하신 그 말씀의 뜻이다. 그런데 안타깝게도 그 시대 변화를 아직까지도 깨우치지 못한 서구신학 목회자들이다.

그들이 바로 예수께서 말씀하신 눈먼 소경임에는 틀림이 없다. 구약시대 서기관들과 바리새인들처럼 날과 절기를 지키게 하면서 율법적인 제사의식 행사 그대로를 답습시키는 형태로 외식하는 자들로 불법이 가득하다고 그 성구에서 분명히 지적하고 있기 때문이다.

그와 같이 하나님 섭리변화의 시대 구별을 하지 못하고 있는 의식은 소위 신학박사라고 자칭하는 사람들 역시도 마찬가지다. 태초 우주 섭리역사를 밝혀주는 〈창세기 1장〉의 기록이나, 〈요한계시록〉은 인간의 지식으로는 감히 헤아릴 수 없는 것이라고 그 무지無知의 책임을 신에게 전가하고 있다.

그러한 서구 신학자들의 성서풀이 모순에 하나님은 '사랑'이라는 기독교 정신이 제대로 빛을 발휘하지 못하고 있는 실태다. 성구적인 의문의 책임을 모두 신에게 돌리며 회피하고 있기 때문이다.

그것이 오늘 기독교 신학의 문제점으로 유대민족 뿌리 조상신 여호와를 예수께서 지칭하신 대우주적인 성부하나님으로 격상시켜 설파하는 오류를 범하고 있음과 동시에 지구촌 오색인종이 유대민족의 뿌리조상 아담과 이브의 혈통계보에서 비롯된 후손들이라는 그처럼 억지스러운 논리를 주입시키고 있는 것이다.

하지만 지구촌은 각 민족마다 유대민족의 뿌리역사 구약이 기록하고 있는 그 상황 전개나 거의 유사한 고유의 전설적인 뿌리역사를 그들 나름대로 간직하고 있다.

그 민족 뿌리역사가 실재성이 없는 허구의 신화로 꾸며진 이야기라고 한다면 유대민족의 뿌리역사도 마찬가지다. 구약의 내용 속에 담고 있는 여호와의 물질인간 창조행사 역시도 그와 크게 다를 것이 없다. 우주시대를 열어가는 현대인의 시각으로 볼 때 합리성이 없는

‘비과학적’ 이야기라고 부정할 수밖에 없는 내용들로 온통 점철되어 있기 때문이다.

특히 구약의 내용 속에서 그처럼 하늘을 오르내리며 수없이 등장하는 그 많은 신들의 이름과 그들이 지구에 내려와 전개하는 행사를 과학적 논리로 밝혀 입증하기에는 사실 불가능한 이야기다. 그러나 그 내용이 부정할 수 없는 유대민족 뿌리역사 기록으로 인류시원에서 동서東西가 그와 유사한 신화적 요소를 내포하고 있다는 사실이다.

그와 같은 동서민족의 뿌리역사 시원의 내용은 그처럼 하늘에서 내려온 신과 인간이 함께 어우러지던 신인합발神人合發의 시대가 있었음을 기록하고 있다. 그러한 내용이 유대민족 뿌리역사 구약으로 그 기록에서도 신과 인간이 함께 어우러졌음을 분명하게 밝혀 볼 수 있게 해주고 있다.

동서민족의 뿌리역사는 모두가 그처럼 밑바탕에 신인합발의 신화神話같은 전설적인 내용을 다분히 깔고 있다. 특히 유대민족의 뿌리역사 구약의 내용 속에 무수히 많은 신들이 등장하며 인간과 함께 식탁에 마주앉아 음식을 먹으며 대화를 나누었다는 것과, 또 그들이 보기에 아름다운 여자를 취해 신인합일로 성교행위를 함으로 그 지능과 모양이 보다 출중한 자손을 낳게 되었다는 그 인물이 ‘고대용사’였다는 성서 기록이다.

그처럼 신화적인 요소는 어느 민족이나 마찬가지로 가지고 있다.

우리 배달한민족 혈통으로 고조선을 개국하신 단군왕검 탄생 역시도 그와 다를 것이 없다. 하늘에서 내려온 신이 사람의 딸 웅녀를 취해 얻은 아들이 그처럼 출중한 인물로 단군왕검이었다는 기록이다.

그와 유사한 내용의 이야기는 지구촌 어느 민족이나 공통적으로 그처럼 신화적인 요소를 담아 두고 있다. 그러한 내용의 흐름 속에 전래되어 온 각 민족 뿌리역사는 각 족속마다 하늘에서 지구에 내려온 조상신 호흡의 색소色素를 달리하고 세워진 민족뿌리 정신이 서양권과 동양권으로 그 민족 특징적 전통문화 형태를 이루어 나왔음이다.

그 시대 역사적인 흐름의 분위기를 특히 서양에서 '진실의 서'라고 자랑하는 구약의 내용을 통해서 더욱 유추해 볼 수 있게 해주고 있다는 사실이다.

그처럼 진실하다는 구약의 전체적인 내용을 살펴볼 때, 당시에 유대민족만의 세계가 아닌, 또 다른 이방민족 그 창조 수호신을 달리하고 있음을 분명히 기록해 두고 있으며, 또한 그 이방족속들 역시도 그 창조 수호신에 의해 가르침을 받아왔었던 것임을 그 시대 분위기 내용을 통해서 충분히 짐작해 볼 수 있게 해주고 있다.

그 시대 분위기가 유대 땅에 성자예수 출현 이전의 구약의 내용으로, 거기에는 이스라엘 민족 그 주변에 이웃하고 있었다는 이방민족의 조상신들, 그 이름이 등장한다. 그 신들 역시도 각기 그 '종자 씨' 텃밭을 이루고 그로부터 번성하는 자손들에게 그 민족문화를 어떻게 이루어 나왔는가 하는 것을 대충 미루어 짐작해 볼 수 있게 해주고 있다는 사실이다.

하지만 그러한 내용의 기록들을 오늘 문명된 지구촌 현대인들의 의식수준으로 읽었을 때는 마치 신화 같은 이야기로 보여 질 수밖에 없다. 그러나 그렇게 시작된 것이 인류시원의 뿌리역사로 그처럼 천지를 분별하지 못했다는 원시인간 시대에서 구석기, 신석기, 그리고 청동기시대를 거쳐 점차로 그 의식이 진화 발전되어 나온 현생인류다.

동서민족의 뿌리시원의 역사를 엄격히 분석하면 그 시대 변화의 흐름 속에서 본체신 성부하나님의 종복들이 저마다 성호聖號를 붙이고 지구에 내려와 각기 구획적임을 나타내 주는 경계의 선을 긋고 그 텃밭에 피부색을 달리한 종자 씨를 그들 호흡으로 설계 창조하여 심고 거기에 따른 의무와 책임에 충실했었던 것임을 구약시대 분위기에서 유추해 볼 수 있게 해주고 있다.

그러한 구약의 내용을 통해서 보더라도 지구촌 오색인종을 유대민족의 혈통계보에 단일화시켜 설파하는 오늘 기독신학의 논리는 이치적으로나 내용상으로 보더라도 합리성을 주지 못하고 있는 것이 사실이다.

그와 같은 서구 신학자들의 논리는 여호와 하나님으로부터 선택받은 민족이라는 그 우월성을 높이기 위한 패권 전략적인 사상정복무기를 만들어 활용하고 있다고 볼 수밖에 없다. 그것이 오늘 문명된 현대인들의 지적이다.

그처럼 합리적이지 못한 논리가 오늘 서구신학이 안고 있는 문제점으로 여기에서 어느 책에서 읽은 〈미래에의 위험〉이라는 한 토막의 이야기를 떠올려 보게 한다.

어느 날 신문기자들이 구세군의 창립자인 윌리암 부드 장군에게 특별 기자회견을 요청했을 때였다고 한다. 부드 장군이 회견장에 모습을 드러내기가 바쁘게 한 기자가 기다렸다는 듯이 질문을 했다.

"다가오는 미래에 있어 가장 큰 위험은 무엇인지 장군의 의견을 말씀해 주십시요."

그 질문에 장군은 마치 하나님의 영감이라도 받은 듯이 번개와 같이 대답했다.

"이 세계에 다가올 가장 큰 위험은 교회가 세계에 주게 되는 것들입니다. 그것은 거듭남이 없는 용서를 제공하는 철학적 기독교와 그리스도 없는 기독교, 그리고 성령이 없는 기독교와 하나님이 없는 정치, 지옥이 없는 천국을 주게 되는 것입니다."

부드 장군이 말한 미래에의 위험은 이제 우리 주변에 확산되어지고 있는 어쩌면 그가 말한 그대로 그리스도 없는 교회들로 성부 하나님의 아들이 아닌, 유대민족의 조상신 여호와의 노예로 종의 나라를 만들어가는 일에 열중하고 있는 그대로의 풍경이다. 그러한 오늘 우리 사회 분위기를 놓고 볼 때 참으로 실감나게 하는 부드 장군의 지적이 아닐 수 없다.

사실 유대민족의 뿌리역사 구약의 내용을 살펴보면 영계의 성령체가 아닌 하나님의 종從 신계의 여호와가 그 백성들을 순종과 불순종으로 거기에 따라 복과 저주로 응징하며 마치 노예처럼 그 백성들을 다스려나온 행사 기록이 구약의 전체적인 내용이다.

거기에서 보다 분명하게 밝혀주고 있는 것이 이스라엘 백성들을 향한 여호와의 선포다. 그 성구가 '내 영광을 위해 지은 자들을 오게 하라' 그리고 이어지는 여호와의 행사기록이 이방민족과의 분쟁사로 여호와는 그 맞수대결에서 자국의 이스라엘 백성이 승전고를 울릴 수 있는 전략 술수까지를 그 선두에서 실재적으로 가르쳐 주기도 했다.

그러한 여호와의 행사는 오직 유일한 하나님으로 믿게 하려는 방식을 그처럼 백성들에게 제공해줌으로써 그들을 굳건하게 하였고, 그것이 또 유대인들의 유일신唯一神 여호와 숭배사상의 신앙으로 선택받은 민족이라는 자긍심을 깊이 심어준 민족문화 정기精氣임에는 틀림이 없다.

하지만 그들에게 심어진 민족정신은 너와 내가 개체라는 이원론적 세계관으로 전쟁이 지닌 패권주의적인 비도덕성이다. 그처럼 여호와는 '우리'와 '이방인'과의 분리로 유대인들만의 공동체를 이루고 세계 속에 유일한 집단으로서의 정체성을 심어주고 가꾸어 나왔다.

그와 같이 그들 조상신 여호와로부터 심어진 민족 뿌리정신이 정복문화 유산으로, 이스라엘 민족과 그 주변 민족 간에 일으킨 물고 물리는 지구촌 최초의 비극적인 참상의 전쟁사였음을 구약의 기록을 통해서 유추해 볼 수 있게 해주고 있다.

그렇기 때문에 그로부터 오늘에 이르기까지도 패권주의적 전쟁을 종식시키지 못하고 있다. 하지만 이제 지구촌 인류평화를 위해서는 예수께서 말씀하신 그 시대 구별부터 먼저 해야 하는 것이 그 수순으로 오늘 기독교 신학이 새롭게 정리해서 펼쳐야 할 그 문제의 숙제일 것이다.

어떤 의도에서였던지 서양에서 그처럼 어지럽게 혼합되어 들어온 서구 기독신학 문제점을 풀었을 때 성자예수께서 고통의 십자가를 짊어지시고 성체에 물과 피를 흘리시며 '아버지여 저들이 몰라서 그런 것이오니 용서하여 주시옵소서,' 그 사랑의 의미와 또 그 마지막 운명의 순간에 '다 이루었다'고 하신 말씀 속에 담고 있는 뜻이 무엇인가를 찾아내는 그 지혜를 얻어낼 수가 있을 것이기 때문이다.

하늘에서 온 사람들

오늘 지구촌 과학자들의 연구발표는 지구인과 같은 우주아들이 우리가 살고 있는 지구 위에 살고 있다는 것이다.

그들의 문명은 지구보다 앞섰으며, 정체 미상의 비행물체 UFO의 출현을 보아서도 최소한 1만년 이상을 앞서 있을 것이라는 것이 과학자들의 추산이다.

그렇다면 UFO의 정체를 놓고 구약성서 속에 등장하는 불이 번쩍번쩍하게 나타났다는 여호와의 지상강림 장면을 생각해 보지 않을 수가 없다.

당시에 그 장면을 목격한 이스라엘 백성들은 졸도하거나 벌벌 떨었다고 했으며, 그 현상을 '여호와 하나님의 기적' 또는 '하나님의 능력이 임하매' 그렇게 묘사하고 있다.

미개했던 당시의 사람들로서는 비지구형 물체를 보고 '여호와 하나님의 영광'이라고 했으며, 그 이외 천상의 신족 '우주아'들이 지구를 자유자재로 내방하며 이용하던 실재적인 운송수단의 비행물체를 독수리, 까마귀, 불수래, 불말, 병거 등 그렇게 묘사하여 기술記述해 두고 있다.

하지만 오늘 현재 지구 도처에서 발견되고 있는 기원 미상의 비지구형 문화유산들을 미루어볼 때, 구약시대에 실재적인 사람의 모습으로 지구를 왕래하던 그들은 천상의 과학문명의 이기利器를 활용하고 있었음을 입증시켜 주는 증거 자료라고 할 수 있다. 거기에 대한 증거가 또한 고대 암벽화에서 보여주는 비행복 차림에 헬멧을 착용하고 있는 모습이 또한 그것이다.

그 모습은 구약의 내용에서 에스겔이나 엘리야가 보고 묘사하고 있는 '독수리 같은' 또는 '사자 같은' 생물로 표현하고 있지만, 실재적으로는 우주복 차림의 비행사들이었음을 그처럼 입증해 주고 있는 자료인 것이다.

그들의 지구 내방 흔적은 오스트레일리아의 산골짜기, 사하라 사막 등지에서 발견된 암벽화, 동굴벽화에서도 거의 같은 모습으로, 구약 속에서 엘리야나 에스겔이 묘사하고 있는 그 특수 복장의 모습들이다.

그러한 흔적들은 틀라파코야에서 출토되었다는 고대 멕시코의 신상神像 또한 마찬가지로 회전 전등을 허리띠로 두르고 있는 모습에다가 가스 마스크 같은 입 가리개를 하고 있는 비행사들 그 특수 복장의 모습이라고 했다.

그와 같은 작품을 당시 그처럼 무지했던 고대인들이 그림이나 토우로 남겨 놓을 수는 없는 일이다. 그것은 고대인들의 작품이 아니라 그 당시 지구를 왕래하던 하늘 사람들, 그 지적 설계에 의한 작품임을 구약의 내용 속에서 유추해 볼 수 있게 해주고 있다는 사실이다.

거기에 또한 입증이 되어 주고 있는 자료가 서구 신학자들이 전지전능하신 하나님으로 격상시키고 있는 여호와가 돌판에다 십계명 문자를 새기어 모세에게 건네주었다는 그 기록 역시도 마찬가지다.

구약시대 그처럼 지구를 왕래하면서 그들이 남긴 흔적들은 천상의 문명된 그들의 존재와 정보를 지구인들에게 전수시키고자 했던 메시지로 받아들여야 할 것이다.

그렇게 지구를 왕래했던 천상의 사람, 그 '지성체'들의 우주과학 지식정보 메시지에 의해 오늘 서양이 그 물질 과학문명을 발전시켜 나오게 된 것임을 특히 구약의 내용 속에서 충분히 유추해 볼 수 있게 해주고 있다.

여호와는 제사장 모세에게 그를 위해 지을 성전 설계와 치수까지도 세밀하게 가르쳐 주었고, 또한 실제적인 운송수단으로 활용하던 비행물체 안으로 그가 뽑아 세운 여러 장로들을 초대하여 그 내부를 구경하게 하면서 함께 대화를 나누는 장면도 기록해 두고 있다.

당시 그 신들의 모습이 지구인과 조금도 다를 것이 없었다는 것과 그들이 활용하던 운송수단이 실체적인 비행물체이였음을 야곱이 그 비행물체를 타고 온 천사와 씨름을 함으로 환도 뼈가 부러졌다고 했으며, 그 천사가 비행물체 트랩을 오르내린 것을 천사가 사다리를 타고 오르락내리락한 것을 보았다고 묘사해 두고 있다.

그 성구를 참고해 보더라도 구약시대 하늘을 오르내렸던 일명 천사라고 칭하는 그들 역시도 그 의식만 다를 뿐 지구인과 다를 것이 없는 실재적인 사람 모습 그대로였으며, 거기에서 '사다리'로 표현되고 있는 것으로 보아도 실재적인 운송수단으로 비행물체였음을 확실히 해주고 있다는 사실이다.

그렇게 그들이 지구를 왕래하면서 문명된 하늘나라 4차원의 과학 정보를 보여주고 또 가르쳐 주었기 때문에 그로부터 오늘에 이르러서는 그들과 마찬가지로 달나라를 탐사하고, 또 생체시험관 아기도 설계 창조하고 연구하는 등 여러 가지 형태로 우주 과학문명 시대를 열어가는 시점에 이르게 된 것이라고 할 수 있을 것이다.

그처럼 과거 구약시대에 지구를 내방하며 그들이 창조했던 미완된 인간 창조물에게 여러 가지로 문명된 천상의 정보를 제공해 주던 그들의 행사는 그때나 마찬가지로 지금도 여전히 내방하고 있음을 심심치 않게 거론되고 있는 UFO 사건을 통해서 짐작해 볼 수 있게 해주고 있다.

특히 제2차 세계대전 이후 그 모습을 자주 드러내고 있음이 여러 보고서 자료에 의해서 알려지고 있다. 다만 오늘 지구인들이 그 정체를 실재적으로 인정하여 받아들이지 못하고 있을 뿐이다.

사실 그들의 정체가 밝혀지게 되면 서구 기독신학에서 태초의 하나님으로 격상시키고 있는 여호와의 정체 역시도 자동적으로 드러날 수밖에 없다. 무형체가 아니라 실재적인 사람의 모습으로 지구를 오르내리면서 보여준 여호와의 전반적인 행사 모습의 내용이 구약이기 때문이다. 하지만 구약시대 그처럼 지구를 왕래했던 천상의 사람, 그 '우주아'들의 전반적인 행사를 아직도 그처럼 원시적으로 해석하여 설파하고 있는 기독교 신학자들이다.

그렇기 때문에 공중권세를 부여받고 태초 하나님 말씀(Logos)으로 창조된 천상의 신계족 그 '여호와'를 우주만물을 창조하신 영계靈界의 성부하나님으로 격상시켜 설파하고 있다. 그만큼 구약의 환상 속에서 깨어나지를 못하고 있는 실태다.

그러한 서구 신학자들의 논리 주장에 의해 지구 도처에서 출토되고 있는 천상의 사람, 그 '우주아'들의 유물을 놓고 그것이 마치 충격적인 사건처럼 연구자료를 삼는 등 쇼킹한 뉴스 기사로 다루고 있는 것이다.

그만큼 오늘에 이르기까지도 원시성을 탈피하지 못하고 있는 오늘 서구 기독신학 논리지만 그러나 실재적으로 그와 관련된 직접적인 관련 자료들이 구약의 내용 속에 그처럼 많이 담겨져 있음을 밝혀볼 수 있게 해주고 있다.

사실 서구신학이 지구촌에 '진실의 서'라고 자랑하는 성경이 구약과 신약이다. 구약은 유대민족 뿌리역사 기록이다. 그 내용은 더 없이 진솔하게 실재적인 역사 그대로를 거짓 없이 담아두고 있다.

그처럼 진실한 내용을 환상적으로 꾸며낸 논리가 오늘 지구촌에 설파하고 있는 서구 기독신학 성서풀이다. 하지만 그들이 영적 성부 하나님으로 격상시키고 있는 여호와의 행사 모습은 보편적인 존재였음을 다음 내용에서도 분명히 밝혀볼 수 있게 해주고 있다(출애굽기 33장 11절).

> 사람이 그 친구와 이야기함 같이 여호와께서는 모세와 대면하여 말씀하시며…

그와 같이 여호와는 실재적인 존재로서 나타나 모든 사람들이 들을 수 있도록 모세와 마주 대면하고 대화를 나누었음을 다음 성구에서도 보여주고 있다(신명기 5장 26절).

> 무릇 육신을 가진 자가 우리처럼 사시는 하나님 여호와의 하시는 말씀을 다 듣고…

이처럼 그 백성들 앞에 실존적인 사람의 모습 그대로를 나타나 대화를 나눈 여호와는 '무릇 육신을 가진' 그들처럼 사람의 모습이었다고 분명히 밝혀주고 있다.

뿐만 아니라 하늘에서 여호와의 심부름으로 보내졌다는 일명 천사들 역시도 실재적인 사람 모습과 조금도 다름이 없었음을 기록하고 있는 장면이다(창세기 19장 1~9).

> 날이 저물 때에 그 두 천사가 소돔에 이르니 마침 롯이 소돔 성문에 앉았다가 그들을 보고 일어나 영접하고 땅에 엎드리어 절하여 가로되,

"내 주여! 돌이켜 종의 집으로 들어와 발을 씻고 주무시고 일찍이 일어나 갈 길을 가소서."

그들이 가로되, "아니라, 우리가 거리에서 경야하리라."

롯이 간청하매 그제야 돌이켜서 그 집으로 들어오는지라, 롯이 그들을 위하여 식탁을 베풀고 무교병을 구우니 그들이 먹으니라, 그들이 눕기 전에 그 성 사람 곧 소돔 백성들이 무론 대소하고 사방에서 다 모여 그 집을 에워싸고 롯을 부르고 그에게 이르되, "이 저녁에 네게 온 사람이 어디 있느냐, 이끌어내라, 우리가 그들을 상관하리라."

롯이 문밖의 무리에게로 나가서 뒤로 문을 닫고 이르되, "청하노니 내 형제들아, 이런 악을 행치 말라, 내게 남자를 가까이 아니 한 두 딸이 있노라, 청컨대 내가 그들을 너희에게로 이끌어 내리니 너희 눈에 좋은 대로 그들에게 행하고 이 사람들은 내 집에 들어왔은 즉 이 사람들에게는 아무 짓도 하지 말라."

그들이 가로되, "너는 물러나라." 또 가로되, "이 놈이 들어와서 우거하면서 우리의 법관이 되려 하는도다, 이제 우리가 그들보다 너를 더 해하리라." 하고 롯을 밀치며 가까이 나아와서 그 문을 깨려하는지라, 그 사람들이 손을 내밀어 롯을 집으로 끌어들이고 문을 닫으며 문밖의 무리로 무론 대소하고 그 눈을 어둡게 하니 그들이 문을 찾느라고 곤비하였더라.

바로 그것이다. 오늘 우리가 추상적으로 막연하게 생각하는 하늘에서 내려왔다는 천사나 신들은 사람의 모습과 조금도 다르지 않은 실재적인 모습으로 나타나 밥도 함께 마주앉아 먹었고, 또 대화도 나누면서 생활 속에 함께 어우러져 왔었음을 유대민족의 뿌리역사 구약 속에 사실 그대로를 진솔하게 기록해 두고 있다는 사실이다.

그처럼 하늘에서 심부름으로 보내진 일명 천사나 신들은 분명히 지구인과 조금도 다르지 않은 사람의 모습 그대로였음을 그 기록상으로 나타내 주고 있다. 그렇기 때문에 그 천사들을 어여쁜 여자로 보고 그처럼 끌어내어 상관하려는 그들의 눈을 멀게 했다는 그 천사의 능력은 문명된 4차원의 휴대용 가스총임을 그 장면을 통해서 짐작해 보게 해준다.

바로 그것이다. 오늘 우리가 서구신학 논리에 의해 추상적으로 막연하게 생각해 온 신들의 존재는 그처럼 지구인의 모습과 조금도 다르지 않은 천상의 '사람'으로 문명된 '우주아'들이었음을 구약의 내용 속에서 보다 분명하게 밝혀주고 있다는 사실이다.

그 시대가 과거 인류시원에서 신과 인간이 함께 어우러졌었다고 말하는 신인합발神人合發하던 시대로, 동서의 뿌리역사 기록에서 그 상황 전개를 동일하게 나타내 주고 있다.

이처럼 지구촌에 산재해 있는 각 부족들이나 민족들은 저마다 그와 같은 신화적인 조상뿌리 역사를 가지고 있다. 그 신들의 행사기록 장면은 현대인들이 '그리스 로마 신화'라고 단정하고 있는 그 이야기나 조금도 다를 것이 없는 형태다. 그 이야기가 구약의 내용이나 마찬가지로 변조되지 않고 원시형태 그대로의 원형적 묘사이기 때문에 오늘 문명된 현대인들은 실재성이 없는 신화라고 웃어넘기고 있다.

하지만 21세기 현대문명의 한복판에 살고 있는 서양 문화권에서 그 실재성을 인정하고 있는 내용이 유대민족 뿌리역사 구약이다. 그 내용이나 크게 다른 차이점이 없는 것이 또한 이방민족들의 뿌리역사 기록이다.

오늘 현대인들이 말하는 '그리스 로마 신화'는 미국의 토머스 불핀치의 대표 작품이다. 그 내용에서 전개되고 있는 상황 장면이 작가의 상상력이라고 보기에는 어려울 정도로 구약 속에서 전개되고 있는 상황 분위기와 조금도 다를 것이 없다.

그 내용 속에서 펼쳐지고 있는 분위기나 행사 장면들이 또한 요한이 보고 온 천상세계의 기록과 그만큼 다르지 않다는 점이다. 하지만 아쉽게도 그의 작품은 단지 문학의 장르 속에서만 다뤄지고 있을 뿐이다. 그렇기 때문에 토머스 불핀치의 작품에서 묘사되고 있는 그 신들의 세계와 구약의 내용을 비교 분석해 볼 필요가 있다는 점이다. 그 일부다.

> 신들의 거처는 뎃살라니아에 있는 올림포스 산 꼭대기에 있었다. 그곳에는 '계저레이라 부르는 여신들이 지키는 구름의 문이 하나 있었는데 이 문은 천상의 신들이 지상에 내려 갈 때나 다시 천상으로 돌아갈 때에 열렸다.
>
> 신들은 각기 처소를 가지고 있었는데 제우스 주신의 소집이 있으면 모두 제우스(주피터) 델피 신전에 모였다. 지상이나 수중 또는 지하에 살고 있는 신들까지도 모여들었다. 이 올림포스의 주신이 사는 궁전의 큰 홀에서는 또한 많은 신들이 신들의 음식과 음료인 암브로아와 넥타르로 잔이 날라졌다.
>
> 이 연회석상에서 신들은 천상과 지상의 여러 가지 사건들을 이야기하였다. 그리고 그들이 넥타르를 마시고 있을 때면 음악의 신 아폴론이 리

라를 타서 다시 그들을 즐겁게 해주었고, 무사(뮤즈) 여신들은 이것에 맞추어 노래를 불렀다. 해가 지면 신들은 각자 자기 거처로 돌아가 잠을 잤다. 여신들의 입은 옷은 성의와 그 밖의 옷은 아테나(미네르바)와 미의 세 여신들이 짰는데 좀 단단한 것들은 여러 가지 금속으로 만들어졌다.

그 밖에도 올림포스에서는 무엇이던지 할 수 있는 명공이 있었다. 그는 놋쇠로 신들의 집을 지어 주었다. 신들은 구두를 신고 공중이나 물 위를 걷고 바람과 같이 빠른 속도로 혹은 또 마음 내키는 대로 이곳저곳으로 이동했다. 헤파이스토는 또 천마의 다리에 편자를 박았다. 그러자 그 말은 신들의 이륜전차를 끌고 공중과 해상을 질주했다. 그는 자기가 만든 물건에 자동력을 부여할 수 있었다.

이 작품의 구성이 다만 작가의 상상력에 의해서만 만들어진 것일까? 그 생각을 해보게끔 하는 것은 모세가 감응을 받고 썼다는 구약 〈출애굽기〉 등의 상황 전개 내용이나 별반 크게 다르지 않기 때문이다.

사실 그처럼 신화 같은 내용의 기록들은 동서민족 뿌리시원의 역사에서 각 족속마다 동일하게 그 밑바탕에 깔아두고 있다는 점이다. 그 시대가 구약의 내용 속에서 보여줌과 같이 천상의 사람, 그 우주 지성체知性體들이 지구에 내려와 문명된 하늘나라 4차원의 이기利器로 그 능력행사를 펼치던 구약시대와 같은 동시대 상황이었음을 나타내 주고 있다.

그로부터 지구촌 물질문명을 앞서 발전시켜 나온 서양이다. 그러나 안타깝게도 오늘에 이르기까지도 과거 구약의 환상 속에서 깨어나지 못하고 있는 서구신학 논리다. 그러한 성서풀이 해석에 의해 오늘 현실로 보여 주고 있는 실재적인 상황을 얼마나 바로 직시하지 못하고 있는가를 다시 생각해 보게 해주는 사건(1994년 2월 22일)이 신문에 보도된 일이 있었다.

그 제목이 〈우주소년 미이라 UFO 잔해 발견〉이었다. 그 주제부터가 세인들의 흥밋거리로 관심을 끌었다. 그 기사 내용이다.

> 프랑스 고고학자 라발리 훼르 박사는 이스라엘의 한 동굴에서 지금으로부터 5천8백 년 전 불시착한 것으로 추정되는 외계인의 미이라를 발견했다. 그는 이스라엘 정부의 함구령에도 불구하고 이를 발표했다.

바로 그 문제다. 그처럼 충격적인 사건을 왜? 무엇 때문에 이스라엘 정부가 그토록 함구령을 내렸느냐 하는 것이 오히려 더 그 관심사가 되어주고 있는 것이다.

그러한 기사를 놓고 볼 때 서구에서 태동된 오늘 기독신학 논리에서 이스라엘 민족의 조상신 여호와를 태초의 성부하나님 신위에 격상시켜 지구촌에 설파하고 있는 것은 다분히 의도적이었다는 생각을 갖게 해주고도 남는다.

그것은 이스라엘 민족의 자긍심 때문이라고 하기보다는 종교적인 사상이란 일정한 방향을 가지고 움직일 때, 그 어떤 무기보다도 강력한 원동력의 힘이 되어 준다는 것이기 때문이 아니겠는가. 그 생각을 해보게 해준다.

그처럼 이스라엘 한 동굴에서 발견되었다는 그 미이라가 5천8백년 전의 것으로 추정되는 것이라면, 유대민족의 조상신 여호와가 지구에 내려와서 아담과 이브를 창조하고 번성하는 그 자손들의 의식을 여러 가지로 시험해 보면서 진화시켜 오던 동년대의 시간대다.

그때 하늘을 자유자재로 오르내리던 천상의 사람, 그 우주아들은 실재적인 비행물체를 운송수단으로 이용하고 있었음을 구약의 내용 속에서 충분히 읽어볼 수가 있다.

구약시대 지구를 자유자재로 오르내렸던 여호와의 지상강림 장면에서 묘사되고 있는 부분이 바로 그것이다. 실제적으로 비행물체가 이륙할 때 점화되는 불과 연기, 그리고 회오리바람을 보고 그 백성들은 여호와의 권능이라고 했고, 또 '그의 영광이 나타나더라' 하는 그 기록은 과거 문명되지 못했었던 구약시대의 표현 묘사다.

그러나 그로부터 문명된 오늘, 이제는 그 표현의 의미를 오히려 한층 더 높여서 지엽적인 유대민족 창조 수호신 여호와를 전지전능하신 대우주적인 슈퍼 하나님으로 주입시켜 본체신이 아닌 우상을 숭배하게 하는 논리가 오늘 그와 같이 원시성을 탈피하지 못한 서구 기독신학의 성서풀이 해석이다.

그런데 그 여호와가 하늘을 오르내리면서 이스라엘 백성을 가꾸던 그 동년대의 것으로 추정이 된 UFO가 그렇게 시행착오를 일으켜 추락했었음을 나타내 주는 그 잔해가 이스라엘 한 동굴에서 외계인으로 드러난 미이라와 함께 발견되었다는 쇼킹한 보도 뉴스였다.

그처럼 엄청난 특종사건을 이스라엘 정부나 미 연방정부가 끝까지

은폐하려고 했었던 의도를 그 사건 보도 뉴스를 통해서 어느 정도는 짐작해 볼 수 있게 해준다는 사실이다.

물론 그 뉴스에 대해 특히 기독교인들은 의견들이 분분하지만 그러나 거기에서 발견된 외계인의 시체나 비행물체의 잔해가 크게 이상할 것은 없다. 구약시대 하늘에서 내려와 지구에 인류역사를 일구어 나온 '우주아' 그 천상의 사람들은 분명히 영적인 존재가 아니라, 지구에 내려와서 그들의 형상을 따라 설계 창조한 물체 인간과 다를 바가 없는 보편적 존재로 이미 4차원으로 문명된 천상의 지성체知性體들이였기 때문이다.

그와 비슷한 기사가 또 (1987년 6월 23일자) 경향신문에 쇼킹 뉴스로 보도된 일이 있었다.

> 미 UFO 새 논쟁, '실존 자료 숨겨왔다.' 정부 비난, 최근 미국에서는 외계인의 존재를 입증하는 연방정부의 극비문서가 공개되어 해묵은 UFO(미확인 비행체) 논쟁이 연재되고 있다.
>
> 논쟁이 발단된 이 극비문서는 트루먼 대통령의 재임기간 중인 지난 1947년 뉴멕시코의 로스웰 근처에서 발생한 폭파사고를 조사한 보고서이다.
>
> 당시 트루먼 대통령은 로스웰 폭파사고를 조사할 대통령 특별조사반을 편성, 현지로 급파한 것으로 되어 있다.
>
> 이 조사반은 당시 기상관측용 기구가 폭파된 것이라는 조사결과를 발표했다. 그러나 이번에 공개된 로스웰 사고 극비문서에는 당시 발표와는 달리 사고 현장에서 인간과 비슷한 모습의 시체 4구를 발견했고, UFO

로 보이는 비행물체의 파편이 흩어져 있었다는 내용이 담겨져 있다.

이 보고서는 지난 1952년 11월 18일 대통령으로 선출된 드라이트 아이젠하워에게 보고하기 위해 당시 CIA 국장이었던 로스코힐렌토에터 장군이 작성한 것으로 되어 있다.

이 같은 사실이 알려지자 미국의 UFO 의원들과 외계인의 존재를 주장해 온 사람들은 그 동안 연방정부가 외계인의 실존 근거 자료를 숨겨왔다고 비난하고 있다.

이와 함께 이 같은 내용을 담은 〈교감〉(위틀시 스트리버 저), 〈광년〉(개리 킨더 저) 등 3권의 UFO 신간들이 10여 주째 베스트셀러를 기록하고 있다.

이들 UFO 소설 등은 하나같이 연방정부가 지난 1947년부터 40년 동안 UFO 조사보고서를 은폐해 왔었다고 비난하고, UFO 실존을 주장하고 있다.

또 영국의 UFO 전문연구가인 티모시 굿 박사는 올 7월 중 UFO를 둘러싼 논쟁은 계속 치열하게 벌어질 전망이다.

이렇게 미스터리로 국제 논쟁의 연구로 비약되고 있다는 외계인과 UFO의 문제를 미연방 정부는 무엇 때문에 은폐하고 숨기려 했었던 것인지 오히려 그 의문을 제시해 준다.

그 기사의 내용을 보더라도 이제까지 서양문명의 구심점이 되고 있는 기독교의 논리 주장에 대한 붕괴를 미 연방정부는 그만큼 의식하고 있음을 분명하게 나타내 주고 있는 증거라고 할 수 있다.

민족사상은 곧 그 민족정신으로 서양에서는 오늘 지구촌에 전파되고 있는 여호와 유일신 숭배사상이 붕괴되는 것을 그만큼 우려하고

UFO 연구가들과 사이에 논쟁이 되고 있다는 이야기다.

그러한 내용 기사를 볼 때, 오늘 그처럼 원시성을 탈피하지 못하고 여호와 유일신唯一神 숭배사상을 지구촌에 전파하고 있는 서구신학 논리는 무지無知해서가 아니라, 하나님은 만민을 사랑하신다는 기독교 정신을 의도적으로 포장해서 민족자존의 우월성을 높이고자 하는 전략적인 논리임을 짐작해 볼 수 있게 해준다. 그처럼 미 연방정부가 UFO 연구가들과 논쟁까지 벌려가면서 끝까지 은폐시키려고 하고 있었다는 것 때문이다.

그 UFO 비행접시가 실재적으로 존재하는 물체임을 알게 된 것은 우주 비행사들이었다고 한다. 인공위성을 타고 은하계를 갔다 온 우주 비행사들은 달의 뒷면에서 수없이 많은 오색찬란한 UFO를 목격했었다는 것이다.

그 부분을 구약의 내용과 맞추어서 비추어볼 때 그들은 어느 행성에선가 하늘 정부를 이루고 있는 '우주아'들로 과학자들이 말하는 외계인이다.

오늘 현대 물질과학이 밝혀낸 우주 팽창설 '빅뱅론'으로 세계적 석학 7명이 1961년에 채택한 소위 '그린뱅크 공식'으로 추산한 우주 은하계 속에는 3차원의 지구인과 전파 교신을 할 수 있는 4차원 문명 수준의 혹성들이 최소한 2백만 개나 된다는 추정을 내놓기에 이르렀다.

그렇기 때문에 4차원 이상 세계의 천상의 과학지식과 초광속 우주 비행기술을 지닌 'UFO'로 아득히 먼 옛날 지구인이 짐승의 털로 몸을 가리고 돌도끼로 사냥하던 원시시대 그 이전부터 그들은 지구를 내방했을 것이라는 것이 오늘 지구촌 첨단 과학자들의 추산이다.

사실 유대민족의 조상신 여호와가 지구에 내려와 생체 원시인간 아담과 이브를 설계 창조하고 그들의 의식을 거듭 시험해 보던 그 동시대에 이방족속의 주신들 역시도 하늘을 오르내리며 그와 같은 능력행사를 해왔음을 구약의 내용 속에서 충분히 읽어볼 수 있게 해주고 있다.

그 당시 그 창조신들에 의해 다스림을 받고 있던 무지한 원시인들 눈에는 그러한 4차원 문명의 초광속 비행기술로 하늘을 자유자재로 오르내리며 그들을 감시 감찰하는 천상의 사람, 그 '우주아'들이 그들의 생명을 주관하는 절대자 천주天主 하나님으로 믿어야 했고, 또 그렇게 믿고 절대 복종해야 했던 주종主從의 관계로 숭배할 수밖에 없었던 시대였다.

그러한 원시시대를 거쳐 진화 발전되어 나온 오늘 현대문명은 코페르니쿠스 과학혁명 이후, 겨우 5세기 정도 지나 3차원의 과학기술로 달에 다녀왔으며, 과거 조상들이 상상도 할 수 없는 화성 진입을 오늘 지구촌 첨단과학자들이 서두르고 있다는 사실이다.

그처럼 지구인이 다른 항성에 모습을 드러냈을 때 그들의 눈에 비춰지는 비행사들의 모습은 문명된 '우주아'로 과거에 지구인들이 그랬던 것처럼 신적 존재로서 대우를 받을 수도 있고, 아니면 외계인으로 신비롭게 느껴질 수도 있는 존재들이다. 항성마다 그 문명의 정도 차이가 있을 것이기 때문이다.

하지만 분명한 것은 오늘 지구촌 3차원의 문명보다 이미 그때 벌써 4차원 이상의 초광속 비행물체를 타고 지구를 오르내렸던 천상의 사람, 그 '우주아'들이 각기 그 정부를 두고 있는 세계가 분명히 달리 있을 것이라는 것을 짐작해 보게 해준다. 그것이 구약의 내용 속에서 짐작해 볼 수 있게 해주는 상황 전개이기 때문이다.

그런데 오늘 쇼킹 뉴스로 보도되는 그러한 UFO 사건들이 그 천상의 사람, 외계인들이 심심치 않게 가끔씩 그렇게 지구 왕래를 하고 있었음을 다시 확인시켜 주고 있다는 사실이다.

그러한 그들의 정체성이 밝혀지게 되면 오늘 서구신학이 그처럼 대우주적인 절대자 천주 하나님으로 주입시켜 오고 있는 유대민족의 조상신 여호와의 정체가 밝혀질 수밖에 없기 때문에 미 연방정부는 그러한 사건들을 발표하지 못하도록 극구 만류해 왔고, 또 숨겨 왔었음을 드러내 준 것이라고 할 수 있다.

사실 그와 같은 미스터리 사건들을 놓고 볼 때, 유대 이스라엘 민족보다 앞서 중앙아시아에 우리 한민족 배달국을 세우신 선조先祖 환웅천제桓雄天帝님께서 하신 말씀이 '하늘은 별마다 문화의 정도가 다르다.' 하셨던 것이고 보면 새삼 경이로울 수밖에 없다. 그처럼 지구라는 행성 외에도 지구인과 같은 생명체가 존재하고 있음을 그때 벌써 우리 배달한민족 조상들에게 가르쳐 주셨기 때문이다.

그런데 지금에 이르러서야 오늘 우리가 살고 있는 이 지구 외에도 외계의 '우주아'들이 지구의 생명체나 마찬가지로 존재한다는 사실이 세상에 나돌면서 많은 사람들의 관심을 끌고 있는 것이다.

거기에 대한 뉴스의 기사가 〈에일리언의 아이를 맡은 클린턴 부부〉라는 제목으로 다시 또 눈길을 끌게 했다.

UFO 연구가 나사니엘 딘씨가 그 사진까지 입수해 1993년 6월 8일 공개했다는 내용이다. 클린턴 대통령과 힐러리 여사가 에일리언의 아기를 은밀히 맡아 백악관에서 기르려는 놀라운 계획이 폭로되었다고 한다.

그 아기는 1993년 1월 아칸소 주의 오자크 산맥에 추락한 UFO 생존자 중 한 명으로 당시 생후 4~5개월이었다. 이 아기는 1992년 8월 민주당 대회에서 은밀히 클린턴 대통령과 회담한 에일리언을 쏙 빼닮았다고 한다. 아직 클린턴 부부는 에일리언 아기의 입양에 대해서 코멘트를 피하고 있지만, 백악관에서는 공식적으로 사진을 촬영하고 그 사진을 딘 씨가 입수하여 공개하였다고 한다. 이 기사와 함께 에일리언의 아기를 안고 있는 힐러리 여사의 사진이 크게 실려 공개되었다. 힐러리 여사의 품에 평화롭게 안겨 있는 이 에일리언의 아이의 모습은 지구인보다도 눈이 두세 배는 크고 윗 눈썹 대신에 눈두덩이 불거져 보이는 데다가 두 귀 또한 지구인과는 다른 모습이었으나, 전체적으로는 사람 모습을 갖추고 있었다고 한다.

물론 그러한 기사를 세인들이 믿거나 말거나이지만, 이스라엘의 한 동굴에서 발견됐다는 우주인 아이의 시체인 미이라와 함께 우주선이 추락한 잔해가 발견되었다고 하여 4천 년 전, 우주인이 지구에 내방했다는 증거라고 그렇게 흥분할 일만은 아니다. 구약의 내용 속에 수없이 많은 천상의 사람, 그 우주아들이 내방했던 그들의 행사 기록이 바로 그 모습이기 때문이다.

다만 그 내용을 읽는 기독교인들이 구약의 기록을 '우주아'들과는 동떨어진 영적 존재의 하나님 세계관으로 주입되어 왔기 때문에 아직도 그처럼 원시성을 탈피하지 못하고 있는 것뿐이다.

물론 그 원인은 서구 신학자들의 성서풀이에 의해 주입된 것이지만, 그처럼 무지스러운 원시적 종교 개념은 인간의 물리적인 죽음 사후에 관해서도 마찬가지다. 오직 천당과 지옥으로 양분되는 흑백논리다.

그렇다면 죄질이 무거운 흉악범이나 죄질이 가벼운 범죄인이 같은 불지옥으로 똑 같이 던져지는 것이라면, 인간세상의 법보다도 하늘나라 심판이 오히려 더 불공평함으로 공의로운 하나님이라고 할 수가 없다. 그러한 기독신학의 논리는 이치적으로나 상식적으로도 당위성이 없는 것이 사실이다.

기독신학자들의 진리에 대한 오류는 그것뿐만이 아니다. 신의 개념에 대한 문제 역시도 그처럼 합리성이 없는 여호와 유일신 숭배사상만을 주장하고 있다. 하지만 그러한 논리는 지구 이외 다른 행성에 지구인과 같은 생명체들이 살고 있다는 사실이 서서히 입증이 되어 가고 있는 현실에서 이제 여호와 유일신 붕괴는 물론, 인간의 독보성과 긍지마저도 반납해야 하는 시점에 와 있다.

그 결과는 이제까지 패권주의적인 서양 민족정신의 말살이며, 붕괴를 의미하는 것이기 때문에 미 연방정부가 그것을 우려하고 UFO 추락사건과 그 외계인의 실체를 세상에 드러내지 않으려고 했었음을 미루어 짐작해 볼 수 있게 해준다.

하지만 이제 우주문명 시대를 열어가는 현대인들의 지적인 의식수준은 외계문명뿐 아니라, 지저문명에 대한 관심도 점점 높아져 가고 있다. 특히 우리 배달한족의 설화에서 영대는 하늘 위에도 있지만, 수중영대가 있다고 말해왔고, 수중영대로는 동해 용궁을 제일로 꼽았고, 지하영대로는 장엄한 연화장 세계가 있다고 전해 내려왔다.

또한 열자 탕문편 8장에는 북해 북쪽에 자리 잡고 있는 꿈의 낙원 종북국을 우 임금 9년 치수사업을 할 때 가보고 왔었다는 기록이다.

그와 유사한 기록이 또한 주나라 추왕의 이야기로 우연히 북쪽을 여행하다가 북극의 낙원 종북국에 들어가서 3년간 생활을 하고 돌아왔는데, 그곳을 잊지 못하고 사모하는 마음을 지우는데 무려 두 달이 걸렸다는 그와 같은 이야기는 설화를 벗어나 지구 공동설은 이미 과학자들 사이에서 인정되기도 했다.

오늘 지구촌 과학자들은 지구 중심부가 지구 화생시 최초의 소용돌이 세차운동에 의해서 양극에 거대한 구멍이 뚫려 비어 있을 가능성이 있을 것으로 보고 있다.

물론 현실적으로 일반 보통사람들이 믿기에는 어려운 이야기다. 하지만 이 구멍이 열리는 때를 틈타 지하의 대왕국(아갈타)을 다녀온 사람들의 전설 같은 이야기들이 구약시대 에녹이 천상세계를 보고 왔었다는 그 기록이나 마찬가지로 전해져 오기도 했다.

이러한 지구 공동설은 서양에서 지금으로부터 약 3백년 전인 1692년 영국의 헬리 해성 발견자에 의해 처음으로 제기되었다. 거기에 입증이 되어주고 있는 것이 또한 성서 기록으로 '하늘 위에나, 땅 위에나 땅 아래…'라고 적혀 있는 것을 참고해 보면, 지저문명의 존재에 대한 가능성은 그 신빙성을 더해 준다.

그런가 하면, 석가 불경에서도 구천하늘이 있음을 적어 두고 있다. 먼저는 영대의 성령님들이 어재하시는 백옥경이 있고, 신계의 상제들이 거주하는 천계는 백옥경을 중심으로 각색 종족신들이 각기 그 천궁(백옥경)을 떠받들고 있는 사왕천이 있으며, 그곳을 비롯하여 도리천, 야마천, 도솔천, 화락천, 생천, 광과천, 무상천, 무변천, 무열천, 선견천, 선현천, 색구경천 등으로 나누어져 있다.

이곳이 천상의 신들이 각기 그 정부를 이루고 있는 세계다. 그와 같은 세계를 통칭해서 불경에서 공거천이라고 말한다. 이렇게 나누어진 세계마다 그 신의 역할이 각기 다르기 때문에 인간 중생들이 육신이라는 무거운 옷을 그 수명이 다하여 벗었을 때, 그 속사람 영혼 닦음의 기운만큼 그 신들에 의해 인도되어 가서 머무는 세계가 다르다는 이야기다.

그와 같은 이야기들을 종합해 볼 때 단지 이분법으로 천당과 지옥만으로 나누어진 서구신학 교리보다 훨씬 논리적이며, 이치적이라고 할 수 있다. 하지만 서구 기독신학자들의 사후세계에 대한 이분법적인 논리와는 달리 구약시대 천상세계를 보고 왔었다는 에녹의 진술에서 불교적인 천상세계의 이치와 다를 것이 없음을 발견하게 된다는 사실이다.

뿐만 아니라 신약성경 〈요한계시록〉에 기록하고 있는 천상세계 역시도 그와 다를 것이 없는 그대로의 전경이다. 열두 대문이 있고, 보좌 위에 보좌가 있으며, 거기에 또 옹위하는 보좌신명들이 각기 그 맡은 역할에 따라 충실하고 있음을 기록해 두고 있다.

그러한 천상세계의 풍경은 불교경전이나 기독교 성경이나 이치적으로 다를 것이 없다는 점이다. 불교에서 말하는 사후세계는 인과응보의 법칙에 의해서 다시 복제(환생)시키는 사명을 맡은 신이 있는가 하면, 생명을 심어주는 신과 거두어 가는 신들의 세계가 있고, 땅의 모든 변화의 이치를 다스리는 지신과 물 속을 다스리는 수중 신의 세계까지를 세분화하고 있다.

그처럼 그 맡은 역할에 따라서 세분화된 신들의 세계는 기독교 성경의 내용 역시도 그 상황 전경이 다를 것이 없다. 심지어는 악역을 맡은 신들의 세계까지도 분리되어 있음을 기록해 두고 있다(요한계시록 13장 1~2).

내가 보니 바다에서 한 짐승이 나오는데 뿔이 열이요, 머리가 일곱이라, 그 뿔에는 열 면류관이 있고, 그 머리들에는 참람한 이름들이 있더라. 내가 본 짐승은 표범과 비슷하고, 그 발은 곰의 발 같고, 그 입은 사자의 입 같은데 용이 자기의 능력과 보좌와 권세를 가졌더라.

이렇게 신들의 세계가 그 능력과 보좌와 권세가 나누어져 있음을 기록하고 있다. 그 성구를 통해서 미루어 볼 때, 어둠세력의 권세 역시도 따로 있고, 그들이 하늘과 땅, 그리고 바다 밑에까지 그들의 정부를 두고 있으면서 그들 능력의 권세를 펴고 있음을 나타내 주고 있다.

그러한 내용을 통해 특히 대서양의 '마의 삼각해역'이 그 어둠의 권세자들이 그 기운을 펴고 있는 '죽음의 트라이앵글'이라는 생각을 해보게 해준다.

그 성구를 통해서보더라도 그렇지만 어둠의 권세자들은 인류평화보다는 전쟁을 즐기면서 허상의 신, 사이비 종교를 만들어 할 수만 있으면 선택받은 자라도 넘어뜨리려 한다는 것을 예수께서는 경계의 예언으로 말씀해 주셨다.

그러한 어둠의 권세자들이 미래에 어떠한 일을 행하게 될 것인지를(요한계시록 6장 3~4)에 기록해 두고 있다.

> 둘째 인을 떼실 때에 내가 들으니 둘째 생물이 말하되, 오라 하더니 이에 붉은 다른 말이 나오더라, 그 탄자가 허락을 받아 땅에서 화평을 제하여 버리며 서로 죽이게 하고 또 큰 칼을 받았더라.

그 어둠의 권세자들이 어떠한 모습으로 그 행사를 하는지 다음 성구에서보다 분명하게 밝혀주고 있다(요한계시록 9장 7~11절).

> 황충들의 모양은 전쟁을 위하여 예비한 말들 같고, 그 머리에 금 같은 면류관 비슷한 것을 썼으며, 그 얼굴은 사람의 얼굴 같고, 또 여자의 머리털 같은 머리털이 있고, 그 이는 사자의 이 같으며, 또 철 흉갑 같은 흉갑이 있고, 그 날개들의 소리는 병거와 많은 말들이 전장으로 달려 들어가는 소리 같으며 또 전갈과 같은 꼬리와 쏘는 화살이 있어 그 꼬리에는 다섯 달 동안 사람들을 해하는 권세가 있더라, 저희에게 임금이 있으

니 무저갱의 사자라, 히브리 음으로, 이름은 아바돈이요, 헬라 음으로 이름은 아볼루온이더라.

그와 같은 성구를 참고해 보더라도 어둠의 권세자들에게도 임금이 있다는 것이며, 하늘에서 쫓겨난 그들에게 예비된 전쟁무기들이 있다는 것이다. 거기에서 '그 날개들의 소리는 병거와 많은 전장으로 달려 들어가는 소리 같으며…' 또한 '철 흉갑 같은 흉갑이 있고' 하는 그 묘사 부분이다.

구약의 내용 속에서 보여주는 여호와의 전반적인 행사 모습이 그와 다를 것이 없다. 그 백성들에게 전쟁무기 제작법도 가르쳐 주었고, 또한 상대방 이방족속들을 산골짜기로 유인하여 떼죽음을 시키는 거짓말 잘하는 영까지를 동원했다는 것으로, 그렇게 '만군을 거느린 여호와 하나님'이라는 기록이다.

그러한 계시의 성구를 볼 때 여호와는 분명히 그 어둠의 권세를 맡은 전쟁 신으로서의 그 역할이었음이 틀림이 없다. 거기에 입증이 되어 주고 있는 내용의 기록이다(사무엘 상 16장 14~23).

여호와 신이 사무엘에게서 떠나고 여호와의 부리신 악신이 그를 번뇌케 한지라, 사울의 신하들이 그에게 이르되,

"보소서 하나님이 부리신 악신이 왕을 번뇌케 하온즉 원컨대 우리 주는 주의 앞에 모시는 신하에게 명하여 수금을 잘 탈 줄 아는 사람을 구하게 하소서, 하나님이 부리신 악신이 왕에게 이를 때에 그가 손으로 타면 왕이 나으시리로다."

사울이 신하에게 이르되, "나를 위하여 수금을 잘 타는 사람을 구하여 내게로 데려오라."

소년 중 한 사람이 대답하여 가로되, "내가 베들레헴 사람 이새의 아들을 본즉 수금 탈 줄을 알고 호기와 무용과 구변이 있는 준수한 자라 여호와께서 그와 함께 계시더이다."

사울이 이에 사자를 이새에게 보내어 이르되, "양치는 네 아들 다윗을 내게 보내라." 하매 이새가 떡과 한 가죽부대의 포도주와 염소 새끼를 나귀에 실리고 그 아들 다윗의 손으로 사울에게 보내니 다윗이 사울에게 이르러 그 앞에 모셔 오매 사울이 그를 크게 사랑하여 자기의 병기 든 자를 삼고 이새에게 사람을 보내어 이르되, "청컨대 다윗으로 내 앞에 모셔 서게 하라, 그가 내게 은총을 얻었느니라." 하니라.

하나님이 부리신 악신이 사울에게 이를 때에 다윗의 수금을 취하여 손으로 탄 즉 사울이 상쾌하게 났고 악신은 그에게서 떠나더라.

이처럼 구약성서 속에서 보여주는 여호와 신이 부리고 있었던 악신이 사울 왕을 번뇌케 하여 병이 들게끔 하기도 했었다는 내용이다.

그와 같은 장면의 내용은 '그리스 로마 신화'나 크게 다를 것이 없다. 수없이 많은 신명들이 보편적인 사람의 모습으로 등장하면서, 이스라엘 백성들이 주신 하나님으로 믿는 여호와 이외의 이방의 신들이 그들의 백성을 감시 감찰하고 필요에 따라 그 기능이 다른 일명 천사, 사자라고 하는 보좌신명들을 하늘에서 불러내려 등장시키고 있음이다. 구약은 약 1천6백 년의 기간에 걸쳐 모세 이후 그러한 감응을 받고 쓰여진 기록이라고 했다.

그러나 그 시대적인 상황을 이해하지 못한 성서 신학자들에 의해서 당시의 신에 대한 관념과 신앙의 개념에서 벗어나지 못한 채 오늘까지도 여호와 하나님을 찾아 부르며 '기적'의 신비주의 신앙관을 주입시켜 맹신하게 하고 있다는 사실이다.

그러한 신앙개념이 신은 거룩하여 이성 접촉도 하지 않는 신비주의로 에덴동산에서부터 등장하는 여호와 신을 우주와 만물을 창조하신 태초 빛의 세계, 그처럼 광명하신 영계의 하나님으로 격상시켜 설파하고 있는 것이다.

하지만 그러한 논리는 성자예수로 세워진 진정한 기독교 세계관이 아니다. 예수께서는 제자들에게 분명히 세상에는 하늘의 영과 땅의 권세를 가진 영이 있다고 하시며, 여호와는 본질상 하나님이 아니라고 하신 말씀 때문에 그 시대 제사장들에게 이단의 괴수로 내몰려 십자가 위에서 그처럼 참수형을 당해야 했던 것이 그 이유였다.

사실 지구촌에 물질 과학문명을 발전시켜 나온 서양이 태초 '있음'의 근원 〈창세기 1장〉을 과학적으로 풀어내지 못하고 있다는 그 자체부터가 이해되지 않는 부분이다.

구약시대 그처럼 이스라엘 족속에 국한된 지엽적인 여호와의 전반적인 행사를 영존하신 대우주적인 창조주 하나님의 능력행사로 승격시킨다는 것은 현대인의 지적 의식수준으로는 도무지 이해되지 않는 그만큼 억지스러운 논리기 때문이다.

그러한 기독신학 논리에 오늘 문명된 서양의 기독교인들이 그처럼 원시성을 탈피하지 못한 성서풀이 해석에 고개를 돌리기 때문에 교회성전들이 벌써부터 텅텅 비여서 팔려나간다는 이유가 바로 거기에 있었던 것임을 짐작해 보게 해준다.

사실 구약의 내용 속에서 보여주는 여호와신의 행사 모습은 전반적으로 이방민족과 철저하게 경계의 선을 긋고 전쟁을 주도하는 행사 모습 그대로를 면밀하게 보여주고 있다.

그 행사 모습은 결코 예수께서 말씀하신 의로운 하나님의 모습일 수가 없다. 거기에 입증이 되어 주고 있는 것이 거짓말 잘하는 영靈과 또한 악신惡神까지도 보좌신명으로 그 옆에 부리고 있었다는 내용이 바로 그것이다.

그렇기 때문에 유대 땅에 출현하신 예수께서 '죄 많은 곳에 은혜가 풍성하다'고 하셨으며, 그 악역 역시도 역할 분담이라는 뜻에서 제자들과 함께 밭에 나가셨을 때에 제자들이 그 밭에 고개를 빳빳하게 세우고 찔러대는 가라지를 뽑겠다고 했었을 때였다.

그때 예수께서 하신 말씀이 심판의 그날까지 그대로 두라고 하신 것은 그렇게 찔러대는 아픔이 있을 때, 마음을 모아 긴장하게 되면서 빛과 어둠을 나누어 분별하게 되는 지견知見을 얻고 나아가서 더욱 자아견성自我見性을 하게 된다는 것 때문이 아니었겠는가 하는 그 생각을 해보게 해준다.

그러한 하늘의 섭리에 의해서 고통의 불지옥 같은 이 세상에 그 이치를 깨닫기까지 생사윤회生死輪廻를 거듭시킨다는 것이 사실 불교의 법문이다.

그와 같은 맥락의 뜻에서 공자 성현께서도 하늘이 큰 사람을 만들기 위해서는 뼈를 깎는 고통을 준다고 하신 말씀으로 보더라도 고통을 주는 그 악신의 역할 역시도 알파와 오메가 하나님 그 완성을 목표로 향해 가는데 있어서 거기에 주어진 한 역할임을 나타내 주고 있다.

그 실재적인 표본이 은 30량에 스승을 유대교 제사장들에게 팔아넘긴 가롯 유다의 역할이 바로 그것이다. 성자예수께서는 그 피 흘림의 십자가를 짊어지셔야 했던 것이 만세 전부터 하나님의 예정된 섭리 가운데 이미 정해져 있었던 운명의 길이었다고 했다.

그렇기 때문에 성자예수께서 하신 말씀이 '죄 많은 곳에 은혜가 풍성하다'고 하신 것으로, 그 유대 텃밭을 선택하여 출현하셨던 이유가 바로 거기에 있었음이다.

그것이 예정된 하나님의 섭리역사로 그처럼 이분법적인 맞수대결로 전쟁을 주도해 나온 그 유대민족에게 원수까지도 용서하고 사랑하라는 성부하나님의 우주정신을 세계 속에 드러내기 위해 거기에 그 역할을 맡고 세워진 선택받은 민족임에는 틀림이 없다.

바로 그것이다. 그처럼 고통을 주고 찔러대는 어둠 역할 또한 인간의식을 진화시키고 깨우치는데 필요한 방편의 한 자락으로, 예수께서 '원수가 네 집안에 있느니라' 하시고, 그 원수를 사랑하라고 하신 것은 그 고통을 참고 다스리며 인내했을 때, 비로소 하나님께서 바라시는 성숙된 영혼으로 온전함을 이루어 예수께서 형제라고 부르기를 부끄럽게 생각하지 않겠다는 그 성인의 반열에 오르게 된다는 것이다.

그래서 예수께서는 '범사에 감사하라' 하셨던 것이며, 또한 '마음을 성전 삼고 늘 깨어서 기도하라, 그것이 하나님께서 기뻐하시는 진정한 산제사니라' 하셨던 그 말씀의 의미가 바로 그것이었음이다.

그처럼 우리에게 늘 깨어 기도하는 마음이 되게 하기 위해 고통을 주는 어둠역사가 결코 멀리 있는 것이 아니라는 것을 그 배반의 제자 가롯 유다의 행사 모습을 통해 나타내주셨던 것이다.

그와 같이 성자예수 십자가의 고난을 통해 그리스도 인류구원의 말씀이 그 십자가의 고난을 상징으로 지구촌에 전파될 수 있었다. 하지만 그 진리의 말씀이 세계 속에 빛으로 드러나는 것을 훼방하는 사단의 무리가 역시 그 시대에 성자예수 가장 가까이 근접해 있었던 바로 그 유대교 전통사상인 것이다.

그 어둠의 세력이 바로 〈요한 계시록〉에 기록된 거짓말 잘하는 '사단의 회'로 전쟁을 주도할 뿐만 아니라, 진리가 아닌 거짓된 논리를 만들어 영생수가 아닌 혼합된 '쑥물'로 많은 영혼을 노략질하게 될 것이라는 것을 예언해 주고 있는 다음 그 내용의 기록이다(요한 계시록 8장 10~11).

> 셋째 천사가 나팔을 부니 횃불같이 타는 큰 별이 하늘에서 떨어져 강들의 삼분의 일과 여러 물 샘에 떨어지니 이 별 이름은 쑥물이라, 물들의 삼분의 일이 쑥이 되매 그 물들이 쓰게 됨을 인하여 많은 사람들이 죽더라.

위의 성구에서 여러 샘물에 떨어져 물들을 쓰게 하여 많은 사람들을 죽인다는 그 별의 이름이 '쑥'이라고 했다.

바로 그 뜻이다. 태초 하나님 빛의 아들 '일곱영'의 상징성을 어두운 밤에 하늘에 반짝이는 북두칠성으로 나타내 주고 있듯이, 그 어둠의 권세를 땅에 펴는 별의 상징성을 지구 텃밭에 돋는 '쑥'이라고 한 것은, 세상을 어지럽히는 '사단의 회'라는 뜻을 내포하고 있음이다.

석가 불교의 진리의 말씀을 감로수甘露水라고 하고, 또한 기독교 스승 진리의 말씀을 영생수永生水라고 기록하고 있다. 그와 같이 '물'은 곧 생명의 말씀을 상징하는 의미다. 그런데 하늘나라 그 영생의 말씀을 구약시대 땅의 지도地道를 가르쳐 온 유일신唯一神 여호와 율법律法 계율의 '쑥'과 혼합시켜 많은 영혼을 노략 하게 된다는 것이며, 그것이 바로 말세의 현상임을 계시록에 분명히 담아두고 있다는 사실이다.

오늘 우리가 살고 있는 세상은 진리의 말씀을 설파하신 대법계의 스승들 그 진리의 말씀을 왜곡하여 혹세무민하는 거짓된 종교 장사꾼들로 하여 부패의 극으로 치닫고 있다고 해도 과언은 아니다. 그들은 우매하고 선량한 신도들을 쑥물을 먹여 혼미시키고 가죽배를 불리는 자들로 성구가 예언해 둔 그 어둠의 권세를 펴는 자들임에 틀림이 없다.

오늘 그처럼 거짓된 종교판 논리 속에서 기독교 스승 예수께서는 '말세에 참 믿는 자를 보겠느냐'고 하신 말씀을 다시 상기시켜 보게 해준다. 아직도 구약시대 그 환상의 논리 속에서 깨어나지 못하고 과거 지구를 오르내리며 그 역할 분담을 맡아 이행해 왔던 지엽적인 천상의 '우주아' 그 신족들의 세계관을 영존하시는 하나님의 세계관으로 믿고 엎드려 빌고 있는 그 원시성을 탈피하지 못하고 있기 때문이다. 그러나 그렇게 진리를 오도시켜 하나님의 일을 훼방하는 자들이 그처럼 거짓말하는 '사단의 회'로 그들의 행위가 어떠한 것인가를 계시적인 기록에서 밝혀주고 있다(요한계시록 13장 5~10).

> 또 짐승이 큰 말과 참람된 말하는 입을 받고, 또 마흔두 달 동안 일할 권세를 받으리라. 짐승이 입을 벌려 하나님을 향하여 훼방하되, 그의 이름과 그의 장막 곧 하늘에 거하는 자들을 훼방하더라. 또 권세를 받아 성도들과 싸워 이기게 되고 각 족속과 백성과 방언과 나라를 다스리는 권세를 받으니 죽임을 당한 어린양 생명책에 창세 이후로 녹명되지 못하고 이 땅에 사는 자들은 다 짐승에게 경배하리라.
> 누구든지 귀가 있거든 들을지어다. 사로잡는 자는 사로잡힐 것이요, 칼로 죽이는 자는 자기도 마땅히 칼에 죽으리니 성도들의 인내와 믿음이 여기에 있느니라.

그 계시에서 그처럼 하나님의 진리를 참람하게 오도시키는 그들을 모양만 사람 형태를 하고 있을 뿐, 정신내면은 먹이를 찾아 출렁이는 '짐승'이나 마찬가지라는 뜻으로 표기해 두고 있다는 사실이다.

그러나 거기에서 깨어나서 그리스도 인류구원의 말씀을 이 땅에 펼치게 될 하나님의 일꾼들이 그 '사단의 회' 중에서 몇 사람이 나와 하나님의 뜻을 이 땅에 이루는 그 일에 동참하게 되어 있음을 예언의 계시로 담아 두고 있다(요한계시록 3장 9~14).

> 보라, 사단의 회 곧 자칭 유대인이라 하나 그렇지 않고 거짓말하는 자들 중에서 몇을 네게 주어 저희로 와서 네 발 앞에 절하게 하고 내가 너

를 사랑하는 줄을 알게 하리라.

네가 나의 인내의 말씀을 지켰은 즉, 내가 너를 또한 지키어 시험의 때를 면하게 하리니 이는 장차 온 세상에 임하여 땅에 거하는 자들을 시험할 때라. 내가 속히 임하리니 네가 가진 것을 굳게 잡아 아무나 그 면류관을 빼앗지 못하게 하라. 이기는 자는 내 성전에 기둥이 되게 하리니 그가 결코 다시 나가지 아니하리라.

내가 하나님의 이름과 하나님의 성 곧 하늘에서 내 하나님께로부터 내려오는 새 예루살렘의 이름과 나의 새 이름을 그이 위에 기록하리라. 귀 있는 자는 성령이 교회들에게 하시는 말씀을 들을지어다.

그 예언적인 계시의 기록이 선후천先後天이 바뀐다는 알파와 오메가의 성공시대에 지상에서 펼쳐지게 될 계시의 장면이다. 그때에 신성神性을 이루어 알곡으로 익은 자들을 모아 이 땅에 새롭게 건설되는 하나님의 성전, 거기에 기둥이 되게 한다는 것으로 귀 있는 자들은 들으라고 분명히 예시해 주고 있다는 사실이다.

그처럼 계시적인 성구에서 주목해야 할 부분이 그 '사단의 회'로 자칭 유대인이라고 하나 그렇지를 않고 거짓말하는 자들 중에서 깨어나는 자들이 있을 것이라는 바로 그 대목이다.

그들이 예수께서 말씀하신 '들을 귀 있는 자들'이다. 그 말씀의 이치를 깨닫는다는 것은 그만큼 정신세계가 우주의식으로 진화 성숙되어 있는 자들이기 때문에 하나님 지상낙원의 성전에 그 기둥이 된다고 한 것이다.

그들의 존재가 과거 구약시대 유대 땅에 구세주 메시아가 출현하게 될 것임을 예언한 선지자들일 수도 있고, 또 동서로 시대와 나라를 달리하고 모든 분야에서 문명된 하늘나라 4차원의 지식정보를 제공해 주고 간 그 우주 지성체知性體로 천재들일 수가 있기 때문에 말법시대는 특히 사람을 외형적으로나 그 환경을 보고 판단하지 말라는 뜻에서 인존시대人尊時代라고 했다.

그 지혜의 눈뜸이 성현들께서 말씀하신 하늘의 축복이며 은총이다. 그것이 세상의 그 무엇보다도 큰 기적으로, 그 의식을 일깨우기까지 인생人生 한 생의 삶 속에서 어둠이라는 천둥 먹구름 속에서 몸살을 앓게 한다는 것이다.

그 섭리가 인간 씨알을 알곡으로 익히기 위한 천부天父의 자연농사 지도로써, 그 섭리를 공자 성현께서는 사물의 이치를 연구하여 후천적인 지식을 명확히 얻으라는 말씀의 의미를 내포한 가르치심이 바로 그 격물치지格物致知 사상이었음을 다시 생각해 보게 해준다.

삼생만물의 변화 원리

삼라만상이 각기 나름대로 독특한 모양새와 성질을 가지고 있으면서도 조화를 이루고 공존하고 있다.

그 원인자原因者의 시작은 반드시 그 결과의 완성체를 얻기 위해 연결고리를 잇고 진행된다는 것이며, 그것이 태초의 하나님 우주대자연의 법칙이라고 했다. 그러한 원리가 시작과 끝, 알파와 오메가 하나님의 섭리역사로 시작과 끝남이 '한 틀' 속에서 운행되고 있다는 것이다.

그처럼 본 자연으로 존재하신다는 하나님의 섭리역사가 노자 성현께서 설파하신 학설로 일생(一生) 이(二), 이생(二生) 삼(三)으로 시작된다. 즉 태초에 우주는 하나가 둘을 낳고, 둘에서 셋이 되어 만물의 시작을 이루었다는 논리가 바로 그 삼생만물三生萬物이라는 노자 성현의 학설이다.

그 이치가 기독교의 성삼위론聖三位論의 개념과 다를 것이 없는 논리다. 하지만 오늘까지도 서구 기독신학은 그 문제를 정석으로 풀어내지 못하고 있다. 태초 근본의 원인자, 그 성삼위 개념이 밝혀지게 되면 민족 우월성을 높이기 위해 의도적으로 태초의 성부하나님 신위에 격상시켜 놓고 설파하는 여호와 신의 정체가 그대로 드러나기 때문이다.

하지만 노자 성현께서 말씀하신 도道란, 결국 도를 얻어서 자기 본성本性으로 삼는 것으로서 도가 자연만물을 낳고 기르는 처음 시작의 도를 대도大道라 하고, 이 대도가 본자연(영계)이기 때문에 자연발생적으로 대자연을 낳고, 그로 비롯하여 자연만물을 낳고 기르게 한 이것이 현덕賢德으로 신령한 대도의 정신이라고 했다.

이렇게 신령한 대도의 밝음(月)이 우주정신 '사랑'으로 일(一)은 성부(陽)의 신위이며, 그 정신 '얼'을 감싸안은 성모(陰)의 우주정신이 대덕(日)의 자비慈悲로 만 생명을 낳고 기른다는 이것이 삼생만물三生萬物의 이치로 노자 성현의 가르치심이다.

이처럼 대도大道와 대덕大德의 우주 영혼정신을 세상에 출현하여 가르쳐 주신 대법계大法界의 고등종교 스승들이 또한 예수와 석가였으며, 근본 대도의 몸체에서 사지四肢로 뻗어나간 성현들의 가르치심이 자연성을 깨달아 도덕물이 되라는 것이었다.

그 대도의 몸체, 즉 태초의 하나님 그 머리 도맥의 진리가 바로 성자 예수께서 '네 이웃을 내 몸과 같이 서로 사랑하라' 하신 하늘나라 영혼생명의 천법天法으로 그 기독교 정신이 만물을 사랑으로 총괄하신다는 성부하나님의 우주정신이라는 것이다.

그 가르치심이 자연이 본성을 상실하고 상대를 개체로 분리하여 천대하는 인위성의 도道를 좇는다면 자연세계와 인간사회는 혼탁하게 황폐해진다는 노자 성현의 가르치심의 학설이나 그 이치가 조금도 다를 것이 없는 동일한 말씀이다.

그렇게 본체신 대도의 몸체에서 부분지체 도맥으로 뻗어나간 노자 성현의 색色을 동양철학의 우주역으로 풀어보면 다음과 같다.

노자 성현의 도교는 1, 6(水)에서 나온 북방임계흑제현무北方壬癸黑帝玄武 은잠성으로 죽음이며, 상징은 거북이다. 그 가르치심은 모든 자연만물이 대도의 근본 음양陰陽 천지부모 일대사一大事로 비롯된 도덕물이기 때문에 그 존재 '있음'을 드러낸 모든 사물을 도道와 예禮로 대하라는 이것이 삼생만물三生萬物의 학설이다.

그와 같은 맥락의 이치가 또한 공자 성현께서 하신 말씀으로, 도와 만물은 근본체로부터 비롯되어 나온다는 그 의미가 오도일이관지吳道一以貫之로, 도道는 모두가 하나로 관통이 된다는 뜻이다.

그 가르치심이 물유본말物有本末 사유종시事有終始다. 즉 사물은 본本과 말末, 즉 끝과 시작이 있다는 것으로, 결국 '종자됨'의 본체의 도는 그 나무의 결실을 목표로 하고 있으며, 그 목적을 향해 생멸변화生滅變化하는 무궁조화로 묘술을 부린다는 이것을 시종지도始終之道라고 하시었다.

이처럼 공자 성현의 가르침 역시도 도가 전개될 때, 완성의 목적을 향해 온갖 변화를 보이지만, 그 변화에도 한계가 있어 마침내 종료를

하게 된다는 것으로, 그 뜻이 기독교 스승 예수께서 말씀하신 처음과 끝이라는 알파와 오메가 하나님의 성공시대다.

그러한 만물 변화원리에 의한 기운행이 오행육합五行六合으로 사방과 상하 만물이 그와 같이 천도天道의 변화섭리에 의해서 생멸 변화하게 된다는 것이며, 결국 도가 목적하는 그 소득을 얻기 위함이라는 것을 공자께서는 체성복귀體性復歸라고 했다.

이 체성體性이 태초의 천지부모 하나님 우주의 근원이며, 본성本性의 자성自性으로, 그 천기운행天氣運行을 하고 있는 것은 그 체성을 많이 거둬들임으로 우주 본체신 하나님의 자성自性이 성숙해진다는 공자 성현의 가르치심이다. 그 뜻이 성자예수께서 말씀하신 태초의 하나님 그 성공시대라는 의미와 같은 뜻을 내포하고 있다.

그러한 섭리가 천부天父께서 그 농사의 도를 천업天業으로 근본 시발점에서 펼쳐졌던 기운행에 의한 소득체를 얻어 다시 근본점으로 귀향한다는 것을 공자 성현께서는 귀일歸一이라고 했고, 그러므로 피조물 인간종자가 마침내 근본의 자성을 깨달아 창조주와 만나게 되는 이 마지막 장을 동일귀체同一貴體라고 하셨다.

그와 같은 공자 성현의 가르치심이 성자예수께서 이스라엘 백성들을 향해 너희가 그 시대 구별을 하라고 하시며 주인이 농사짓는 비유까지를 들어가며 말씀하신 바로 그 이치와 동일한 뜻을 내포하고 있다는 사실이다.

이렇게 본체신의 대도에서 분파된 공자 성현의 가르치심 역시도 피조물 인간은 본체신 삼생만물의 기운행의 정기精氣에 의해서 화생

되어진 분신들이기 때문에 하늘이 명命으로 준 자성을 길러나가기 위해서는 군자의 도를 행하라고 하셨고, 이것을 수행하여 마음을 닦는 것을 교敎라고 하였다.

이러한 공자님의 가르침 격물치지 천지사상天地思想은 지금으로부터 2500여 년 전에 시작된 유교의 학문으로 옛 유학자들이 배우지 않으면 안 되었던 격물치지格物致知, 성의정심盛儀正心, 수신제가치국평천하修身齊家治國平天下 팔조목이다.

격물이란, 본질을 알고 이를 지식의 바탕으로 하여야만 마음이 성의로 가득 채워지면서 수신제가를 할 수 있으며, 가정과 사회를 소홀히 하지 않는 유익한 사람이 된다는 가르침이었다.

그처럼 칠대 성현들의 가르치심은 성자 출현 이전에 서양의 편협적인 여호와 유일신唯一神 숭배사상을 앞서가는 천도天道로서 태초의 하나님 그 우주사상인 것이었다.

그와 같은 공자 성현의 가르침 유교儒敎를 동양 역易으로 풀어보게 되면 3, 8 목木에서 나온 동방갑을청제청용東方甲乙青帝青龍 직진성으로 자유며, 그 상징성이 용龍이다.

이렇듯 성현들의 가르치심은 동일하게 그 도맥의 근본을 하나로 관통하고 있는 것으로, 석가 성현의 가르치심에서 삼진귀일三眞歸一 회귀삼일回歸三一이 바로 그와 같은 이치로 삼진일체론三神一體論이다. 또한 그와 같은 맥락의 논리가 또한 동양 배달한민족의 선조先祖이신 환웅천제桓雄天帝께서 백성들에게 가르쳐 주신 우주만물의 생성원리로 천지인天地人이 '한 틀' 속에서 운행되고 있다는 삼일철학三一

哲學으로, 그 기초가 되어 준 것이 바로 그 삼태극三太極 원리다.

그와 같은 이치가 또한 석가 불교에서 말하는 삼신三神 일체관一體觀이다. 그 삼신 개념이 한 몸체로 대도大道라고 하여 삼존불三尊佛을 세워놓고 머리를 조아리는 연유가 바로 그와 같은 원리에서 비롯된 것이라고 했다.

그 논리가 또한 기독교의 성삼위론聖三位論과 같은 맥락이다. 하지만 기독교 스승의 가르침 그 진면목을 정석으로 풀어내지 못하고 성자 출현 이전의 구약시대의 환경 분위기에 맞추어 왜곡시키고 있는 실태가 오늘 그 서구신학 성서풀이다.

그 논리가 이방민족과 맞수대결로 거짓말을 잘해내는 영靈까지를 동원해 가면서 전쟁을 주도해온 여호와를 성부의 신위神位에, 그리고 예수님의 생모이신 마리아를 성모의 신위에 올려놓고 성자는 오직 독생자로 예수뿐이라는 논리가 그처럼 이치에 맞지도 않는 오늘 기독교 신학의 문제점으로 그 성삼위론聖三位論이다.

그와 같이 우주의 본질적인 문제를 독보적으로 왜곡시키고 있는 오늘 기독신학이다. 그 문제를 현생인류가 해결하지 못하고서는 인류구원을 위해서 짊어지셔야 했었던 성자예수의 십자가 공로는 그대로 무색해질 수밖에 없다.

뿐만 아니라 유대 이스라엘 민족에게 너와 나를 개체로 가르는 이분법적二分法的인 정신사상을 심어준 여호와 숭배사상을 오늘 기독교 신학에서 재정립하지 않고서는 일원론적一元論的인 일곱 성현들의 가르침 그 종교통일은 기대할 수가 없다. 따라서 지구촌 인류평화를 기대하기란 절대 불가능한 일이다. 특히 이분법적인 사상이란 그 어떤 무기보다도 강력한 힘을 발휘하기 때문이다.

하지만 처음과 끝이라는 알파와 오메가 하나님, 그 성공시대가 이르기 전에 그처럼 혼미한 서구신학 논리가 새롭게 정리되어질 것이라는 것을 〈요한계시록〉에 분명히 예시해 주고 있기 때문에 그 천기운행天氣運行을 믿고 기다려 볼 수밖에 없다. 그처럼 거짓된 논리를 펴내는 자들이 받을 심판에 대해서도 분명히 기록해 두고 있기 때문이다.

그것이 특히 석가 불교에서 그 주제로 다루는 인과응보의 법칙이다. 그처럼 원인과 결과는 반드시 일치한다는 것으로, 하늘이 중생들의 하나하나를 지켜보고 있다는 것을 중생들이 모르고 있는 것은 그 법이 지극히 미묘해서 사람마다 느끼며 깨우치는 정신의식 수준이 차별적으로 다르기 때문이라고 했다.

그러한 이치의 맥락에서 예수께서 하신 말씀이 하나님은 '너의 머리털까지도 헤아리신 분이다.'하셨으며, '너희가 심는 그대로 거두리라,'하신 그 가르치심이나 다를 것이 없다.

석가 부처께서 그처럼 묘한 법을 사람마다 느끼며 깨우치는 정도가 차별적으로 다르다고 하신 것이나, 또 예수께서 '들을 귀 있는 자들은 들으라' 하신 것이나 마찬가지의 뜻을 내포하고 있다. 그 말씀의 뜻인즉, 그 깨달음은 전생에서 쌓은 각자의 공덕에 따라 다르고, 혹은 현생에서 수행하여 쌓은 그 덕행에 따라 그 이치를 차별적으로 깨닫게 된다는 그 의미를 담아두고 있는 말씀이다.

그처럼 세상은 진여眞如의 이법理法이 만상의 물심으로 펼쳐져 있는 세계이기 때문에 선과 악이 공존하면서 그 차별 일체가 서로 고리를 맞물고 돌아가고 있다는 것이다.

그렇기 때문에 중생들은 세속적인 물심物心의 미혹한 속성을 쉽게 떠나지 못하고 자기 생각이 만들어가는 자신의 업행業行에 매달려 그 고리를 얽어 놓은 인연과 그 과보에 의한 인과응보因果應報로 그처럼 길흉화복이 교차하게 된다는 것이다.

그러한 세상을 석가 부처께서는 '고통의 사바세계'라고 하셨다. 그리고 그 고통의 세상을 벗어나기 위해서는 모든 중생들은 반야의 지혜를 그에게서 배우라고 하신 것으로, 그것이 불교의 가르침으로 법문이다. 불교에서 말하는 반야般若는 천지자연 만물의 기본원리로, 진여眞如란 만물의 존재근원, 즉 근본 자성自性의 씨알을 일신이라고 하고, 그 쓰임의 기틀이 삼극三極으로 진성眞性, 진명盡命, 진정眞情을 삼진三眞이라고 한 것이었다.

그 삼진의 원리가 근본 일체신의 자성이라는 것으로, 그 일신에서 자연으로 고리를 잇고 있는 인간중생들은 그 일신 진여로 화생化生되어져야 하기 때문에 생사윤회生死輪廻를 거듭 반복시킨다는 것이 불교의 법문이다.

그러한 윤회의 섭리가 이 세상에 물체를 쓰고 태어난 인간 숙명으로 속사람 영혼이 성숙하여 진여로 화化했을 때, 우주 만법이 사람과 일체가 된다고 하여 인중천지일人中天地一이라고 한 것이다.

그것이 불가에서 말하는 윤회의 이치로 사람의 업신業身이 천지부모 건곤乾坤 음양陰陽의 이기理氣가 뭉쳐 일신을 이루고 있는 것이기 때문에 그 체성이 아직 제대로 영글지 못한 씨알을 성숙시키기 위해서 그 사람 영혼 닦음의 기운만큼 부모 자식 인연 고리를 맺고 이 세상에 다시 태어난다는 것이 그 환생幻生이다.

그 가르침이 불가에서 말하는 과보에 의한 숙명론이다. 결국 그 몫으로 주어진 인연 고리의 업장에서 그 몸 기운을 닦아 바로 섰을 때, 비로소 반야지혜般若智慧를 증득하게 된다는 이것이 불교의 최종적 결론으로 불성佛性을 이룬 근본체의 '종자 씨'가 되어져야 한다는 것이다.

그와 같이 불성을 이룬 마음 상태가 바로 불변의 실재, 그 진여반야眞如般若로 진실하여 거짓이 없고 '참' 진실한 자성을 이룬 그 상태를 인중무극人中無極이라고 했다. 즉 만법과 만사萬事, 만유萬有의 이기심利己心이라는 속성이 소멸되고, 삼진을 이룬 진여眞如 그 자체의 심성만 남은 상태를 유심唯心 유식唯識이라 하여, 곧 텅 빈 것 같으나 충만하게 채워져 있는 마음이 본심본태양本心本太陽으로 진리체가 되시는 부처님 마음이라는 것이었다.

이처럼 모든 중생들이 이 반야의 지혜를 증득하여서 부처의 마음이 되어져야 한다는 석가 불교의 설법이나, 또 자신의 실상을 깨달아 태초의 천지부모 하나님의 아들로 성인의 반열에 들어가야 한다는 기독교 스승 성자예수 가르침이나 같은 이치의 말씀이다. 뿐만 아니라 부분지체 도맥으로 출현하신 성현들께서 가르치신 그 말씀의 결론 모두가 그처럼 하나로 태초의 하나님과 동일체를 이루어야 한다는 그 가르치심이다.

하지만 안타깝게도 태초의 근원 그 성삼위론을 그처럼 왜곡시키고 있는 서구신학 논리에 의해 일곱 성현들의 존재근원은 물론, 만물의 변화 원리조차도 깨닫지 못하고 측은하게도 예수께서 지적하신 본질상 하나님이 아닌 우상에게 맹신을 강요당하고 있는 것이 특히 사이비 기독종교 실태다.

그와 같이 진리를 오도시켜 하나님의 실상을 깨닫지 못하도록 하고 있는 그들의 무지無知를 예수께서는 '눈먼 몽학선생'이라고 하셨으며, 그 말을 그대로 믿고 따르는 자들 역시도 함께 구덩이로 빠지게 된다는 그 경고의 말씀을 분명히 선포해 두셨음이다.

그런데 오늘 그 '세월호' 사건을 보더라도 그 염려의 말씀이 그대로 응해지고 있는 세태다. 그만큼 어둠역사가 심화된 오늘의 세태에서 기독교 스승 성자예수께서 '하늘을 아는 것이 지식의 근본이다' 하시며 그 시대구별을 하라고 거듭 당부하신 그 말씀의 의미를 다시 되새김질해 보아야 할 때라고 생각한다. 그것이 특히 말세의 징조로 그처럼 거짓된 사단의 어둠역사가 할 수만 있으면 하나님께서 택하신 백성이라도 넘어뜨리려고 한다는 그 경고를 하셨기 때문이다.

그처럼 무지한 서구신학 논리에서 하루 속히 깨어나 하나님의 실상과 만물의 변화원리를 깨닫고 성현들께서 말씀하신 처음과 끝이라는 하나님의 섭리역사를 바로 알기 위해서는 태초의 우주근원 그 실상을 담아 두고 있는 성경 〈창세론〉을 재검토해 볼 필요가 있다. 거기에는 만물의 생성원리를 현대과학과도 맞물리는 이치로 진술하게 기술해 두고 있을 뿐만이 아니라, 성현들께서 말씀하신 삼생만물의 변화도를 그대로 조명해 주고 있기 때문이다.

거기에 기록된 그 원리가 태초의 하나님, 그 천기운행天氣運行으로 스스로 존재하시는 하나님의 완성을 목표로 진행되고 있는 그 단계적 수순으로 태초의 하나님께서는 빛의 말씀(Logos)으로 우주와 만물을 단계적으로 창조하셨다는 기록이다.

그 시작의 원인과 진행의 수순이 다섯 단계로 대자연의 형태가 모두 이루어지고 난 다음 그 여섯째 날이다. 그 지으신 모든 것을 다스리게 하기 위해 '우리가 우리의 형상을 따라 사람을 만들자.' 바로 그 부분의 대목이다. '우리'는 분명히 복수형卜數形이다.

그 복수형의 존체가 바로 태초 만물의 근원으로 본자연本自然하신 천지부모 조화주 하나님, 그 에너지의 원인자原因者가 되는 태초의 '빛'이다. 그 빛이 만물의 형태를 이루어낸 조화주 하나님 능력의 우주 원소로, 즉 성부와 성모, 그리고 성자, 그 성삼위론聖三位論으로 '우리'라는 복수형의 가족 구성원이다.

그 성삼위聖三位 가족이 함께 모여 어재하신 곳이 〈창세기 1장〉으로 광명하신 영대靈臺다. 그런 관계성에서 예수께서 '나는 영이니' 하셨던 것으로 태초 우주만물의 형태를 이루신 조화주 하나님, 그 분자적인 빛의 아들임을 밝혀주고 있다.

그러한 창조원리의 연계성에서 그 여섯째 날 '우리'라는 가족 구성원에 의해 '우리의 형상을 따라 사람을 만들자'고 하여 이때에 만들어진 '사람'이 천상의 신계족神界族으로, 그들에게 주어진 소명召命이 그 지으신 모든 것을 너희가 번성하여 '다스려라!' 하신 바로 그 대목이다. 그들이 바로 태초 빛의 말씀으로 창조됨과 동시에 다스림의 공중 권세를 부여 받은 천상의 사람, 그 우주 지성체로 하나님은 그들에게 분명히 '땅을 정복하라!'고 하시었다.

그 하명을 받은 공중 권세자權勢者들이 천상에서 번성된 하늘 사람으로 신계족神界族이며, 그들이 우주의 지성체知性體들로서 태초의 하나님 뜻을 받드는 종복從僕의 신분임을 분명히 나타내 주고 있다. 그 신들이 각기 성호聖號를 붙이고 지구라는 행성에 내려와 '동산'이라는 구획을 설정하고 그들의 지적 호흡으로 제3의 생명체 물체인간을 설계 창조할 수 있었던 것이며, 그 의무와 책임에 충실하고 있었음을 유대민족 뿌리역사 구약의 내용 속에 그 분위기의 전개 상황을 담아두고 있는 것이다.

그 천상의 사람 신족들은 태초 하나님의 형상을 따라 빛의 말씀(Logos)으로 창조된 지성체知性體들이었기 때문에 그처럼 물체인간을 만들 수 있었음이다. 하지만 그들은 예수께서 말씀하신 대로 본질상 하나님의 능력이 아니었기 때문에 영혼생명을 불어넣어 줄 수가 없었을 뿐만 아니라 그처럼 선과 악, 그리고 천지 분간조차하지 못했다는 원시 물체인간 창조였다.

구약시대 그처럼 하늘에서 내려온 신계족 여호와는 그 원시인간 창조 의무에 따르는 책임완수를 하기 위해 그들의 의식을 깨우쳐 주기 위한 지혜의 방편方便으로 계율戒律을 세워 놓고 엄히 다스렸으며, 또한 보좌신명들과 함께 세상을 살아가는 여러 가지 방법의 지혜를 실재적으로 대화를 나누면서 가르쳐 주고 있는 상황 전개의 전체적인 내용이 구약의 세계관이다.

그 내용의 기록에서 신들은 저마다 그들의 창조의무에 따르는 행사로 자국自國의 백성이 주변 족속들과의 혼혈을 경계하고 그토록 철저하게 감시했었음을 특히 '바벨탑' 사건에서 '자! 우리가 내려가서 그들의 언어를 흩쳐 놓자!' 하는 그 내용의 기록에서 그 시대 분위기를 충분히 짐작해 볼 수 있게 해주고 있다.

그 내용상으로 볼 때 지구에 내려와 그 행사를 일구어 온 천상의 사람, 그 신들은 동일한 천상의 언어를 쓰고 있었기 때문에 그 종자씨들 역시나 마찬가지로 그 당시 동일어同一語로 서로가 의사소통을 하고 주변 이방민족들과 함께 자유로이 어우러져 혼혈되고 있었음을 유추해 볼 수 있게 해준다.

그렇기 때문에 신들은 그 혼혈을 막기 위해 우리가 내려가서 언어를 흩쳐 놓자고 했었음이다. 혼혈은 신들의 특징적 색소의 에너지체가 섞여 변질되는 것으로, 그 종자 씨밭을 열심히 가꾸어 나온 창조신의 입지가 불투명해지면서 그 혈통 족속들로부터 영광을 받을 수가 없는 일이기 때문이다.

구약의 내용 속에서 유대민족의 조상신 여호와는 그 주변 백성들과의 혼혈을 그처럼 엄히 경계하고 거기에 불순종했을 때에 응징의 벌로 다스렸다. 하지만 그동안 이미 색소가 변질된 혼혈아들이 점차로 번식되어 가고 있었기 때문에 여호와는 '죄악이 관영하다' 하고 그 종자들을 물로 쓸어버리는 대역사를 벌린다.

여호와의 계율을 지키지 못한 그 자체가 그들의 조상 아담과 이브의 원죄라고 하여 에덴동산에서 내어 쫓았듯이 그 자손들 역시도 혼혈은 죄악으로 간주되어 물로 쓸어버리는 진노의 심판을 받게 된 것이다.

그것이 노아의 대홍수로 오직 혼혈되지 않았던 노아 가족만 방주를 짓게 하여 그 혈통계보를 잇게 했다는 기록이다. 그 물 심판 이후 노아의 두 딸이 아버지를 술에 취하게 하여 교대로 아버지와 성교를 가졌고, 그로부터 다시 그 혈통족속의 자손이 번성되기 시작했음이 그 기록의 내용이다.

그만큼 이방민족과의 경계의 선을 철저하게 긋고 있었던 구약시대다. 그러한 기록을 보더라도 오늘 서구 신학자들이 유전인자 색소가 다른 지구촌 오색인종을 유대민족 아담과 이브의 혈통계보에 묶어 설파한다는 것은 이치적으로나 그 내용상으로 보더라도 합리성이 없는 억지스러운 논리 주장이다.

구약시대 이스라엘 주변의 이방민족과 그처럼 경계의 선을 철저하게 긋고 맞수대결을 주도해 왔었던 여호와의 연속적인 행사가 더욱 그 입증이 되어 주고 있는 것이다. 그토록 주변 이방민족과 맞수대결로 피를 흘려야 했던 유대 땅에 출현하신 성자예수께서 '죄 많은 곳에 은혜가 풍성하다'고 하신 말씀인 즉, 그 시대 그처럼 무지한 인간들의 의식을 깨우쳐 하나님의 사랑의 결실체를 만들어 주기 위해 유대 땅에 출현하셨다는 뜻이다.

그처럼 은혜로우신 구원의 말씀이 지극히 높으신 태초의 천지부모 하나님 그 사랑의 숨결로 '네 이웃을 내 몸과 같이 사랑하라' 그리고 또 '원수까지 사랑하라' 하시고 그것이 너희에게 주는 하늘나라 대도大道의 천법天法으로 '새 계명'이라고 하신 것이다.

그러한 대도의 말씀이 태초의 천지부모 하나님, 그 우주정신 사랑으로 그동안 그 텃밭에 오고간 선지자들이 때가 이르면 '평강의 왕' 구세주가 오실 것이라는 그 진리체 성자예수 출현이었다.

그 섭리역사가 하나님 신바람의 숨결로 천지부모 하나님의 종복從僕 여호와가 그 종자 씨밭을 열심히 가꾸던 종의 율법시대가 문을 닫고 성자예수의 신약복음 시대로 그 문이 활짝 열린 것이다. 그러한 시대역사 변화가 하나님의 종 여호와가 그의 영광이 된다는 이스라엘 백성들에게 율법 제사의식 행사로 속죄함을 받게 하던 구약시대가 드디어 마감된 것으로, 성자예수 가르침의 신약복음 속에서는 그러한 여호와 행사의 내용이 일체 등제되지 않고 있다.

그 시대 변화섭리를 성자예수로 문이 열린 신약복음(갈라디아서 4장 1~12)에서 다음과 같이 밝혀주고 있다.

> 내가 또 말하노니 유업을 이을 자가 모든 것의 주인이나 어렸을 동안에는 종과 다름이 없어서 그 아버지의 정한 때까지 후견인과 청지기 아래 있나니 이와 같이 우리도 어렸을 때에 이 세상 초등학문 아래 있어서 종노릇하였더니 때가 차매 하나님이 그 아들을 여자에게 나게 하시고 율법 아래 나게 하신 것은 율법 아래 있는 자들을 속량하시고 우리로 아들의 명분을 얻게 하려 하심이라. 너희가 아들인고로 하나님이 그 아들의

영을 우리 마음 가운데 보내, 아바 아버지라 부르게 하셨느니라, 그러므로 이후로는 종이 아니요 아들이니 아들이면 하나님으로 말미암아 유업을 이을 자니라,

그러나 너희가 그때에는 하나님을 알지 못하여 본질상 하나님이 아닌 자들에게 종노릇하였더니 이제는 너희가 하나님을 알뿐더러 하나님이 아신바 되었거늘 어찌하여 다시 약하고 천한 초등학문으로 돌아가서 다시 저희에게 종노릇하려 하느냐, 너희가 날과 달과 절기와 해를 삼가 지키니 내가 너희를 위해 수고한 것이 헛될까 두려워하노라, 형제들아! 내가 너희와 같이 되었은 즉, 너희도 나와 같이 되기를 구하노라.

위의 성구에서 밝혀주고 있는 것이 '후견인과 청지기로 본질상 하나님이 아닌 자들'이다. 그 신들의 가르침이 '약하고 천한 초등학문'으로 구약시대 하나님의 종 여호와의 율법 제사의식으로 다시 돌아가지 말라고 분명히 명시하고 있다.

그 시대 변화를 깨우치지 못하고 그 가르침과 율법적인 제사의식 형태를 그대로 답습하고 있는 그 백성들을 향해서 예수께서는 '내가 너희를 위해서 수고한 것이 헛될까 염려하노라'고 하시었다.

그러나 그 형태는 그로부터 2000년이 지난 오늘에 이르기까지도 크게 달라진 것이 없다. 서구 신학자들이 하나님의 종從 여호와 율법의 가르침 그 초등학문의 세계관과 진리의 성자예수 신약복음의 고등종교 세계관을 '한 틀' 속에 묶어 믿어야 할 인류구원의 말씀이라고 설파하고 있기 때문이다.

하지만 신약성서는 그처럼 유대 땅에 하나님의 영靈 성자예수를

물체를 쓴 우리 인간 모습과 같은 인자人子로 세상에 보내심은 하나님의 종들이 씨를 뿌려 놓은 허망한 물체 인간들을 진리의 말씀으로 알곡으로 익혀 영육靈肉이 완성된 결과체를 만들기 위함이라는 것과, 그러한 성자예수의 수고가 헛되지 않기를 바란다는 말씀이었다

그 시대변화가 완성의 목표를 지향하시는 하나님의 천기운행으로, 하나님의 분자적인 아들이신 성령체를 유대 땅에 보내시어 여호와의 율법만을 배워온 영혼생명이 없는 사망의 자식들을 하늘나라 영혼생명으로 거듭나게 해주겠다는 것이었으며, 그 약속이 하나님의 사랑으로 그리스도 인류구원의 말씀이라는 신약복음의 전체적인 내용이다. 하지만 구약시대 여호와 유일신 숭배사상에 묶여 있었던 이스라엘 백성들은 성자예수를 하나님의 아들로 믿어주지 않았다.

그 출생 성분이나 형체가 마치 음지에서 햇빛조차 보지 못하고 자란 연한 순처럼 그 풍채 또한 별로 모양새가 없었다는 기록이다. 그러한 성자예수의 외형적인 모습은 그 백성들이 선지자 예언을 믿고 그들 나름대로 상상하며 기다리고 고대하던 만왕의 왕 구세주의 모습일 수가 없었다. 적어도 그럴 듯한 풍채에 구중궁궐 왕손으로 태어나거나 아니면, 유대교 특권층의 제사장들의 혈통을 받고 태어날 것이라고 상상하고 있었기 때문이다.

그런데 그들의 상상과는 너무나 거리가 멀게 출중한 인물도 아니었고, 거기에다가 또 자라면서 의붓아버지 요셉의 문짝이나 심부름 해주면서 학교 문전에는 가본 일이 없었다는 것이 그들이 말하는 출생 성분이다. 그러한 성자예수 성장 배경에 그들은 오히려 조롱하고

비웃으며 우리가 너의 출생 성분을 아는데 무슨 헛소리하고 있느냐고 고개를 돌렸다. 그때 예수께서 하신 말씀이 '육은 무익하니라' 하시고 '외모를 취하지 말라'고 하시었다.

구약시대는 혈통가문과 외모를 중시하던 시대였다. 그러한 율법시대에 출현하신 예수께서는 성부하나님의 유업을 이어받을 주인의 아들로 성자의 입지였지만, 그러나 종과 다름없이 하나님이 정하신 그때까지 청지기 아래서 그 율법을 배우며, 또 그 제도적인 할례까지를 받고 물세례까지도 받았던 것이다.

그것이 이 세상에 태어난 인간들이 누구나 초보적으로 거쳐야 할 단계적인 수순으로 그 인생 역정임을 성자예수께서 그 성장 과정을 통해서 그처럼 대변해 주신 것이라고 할 수 있다.

뿐만 아니라 예수께서는 하나님 종(여호와)의 율법시대에서 성자의 복음시대로 바뀌는 그 시대변화를 주인이 농사짓는 비유를 들어 이른 봄에 밭에 나가서 '종자 씨'를 뿌리고 가꾸게 하는 일은 종들을 시켜서 하는 일이며, 그 종자 씨가 싹이 무성해질 때쯤이면 주인이 그 종자 씨를 알곡으로 익히기 위해 그 아들을 그 밭에 보내어 생명수를 뿌리게 하고, 그 가을 추수기가 이르면 주인이 직접 그 밭에 나와 추수 타작마당을 벌려 그때까지 익지 못한 쭉정이는 모아서 불에 태우고 알곡은 주인의 창고에 넣게 된다는 것이 그 비유의 말씀이었다.

하지만 그 백성들은 그 뜻을 도무지 이해하지 못했다. 그처럼 천지창조 하나님 그 시대변화의 섭리역사를 쉽게 이해할 수 있도록 그 비유까지를 들어 일러주신 성자예수다. 그 말씀의 뜻이 천지 만물에는 단계적인 변화로 완성을 향해 가는 그 질서의 수순이 있다는 것을 깨우쳐 주시고자 하심이다.

오늘 지구촌 세계 물리학자들은 밤 하늘에 반짝이는 행성의 별들이 그 일생의 경영을 끝내고 산화되어 흩어지지만 그 무게의 질량만큼 다시 새로운 별로 탄생되고 있다는 사실을 발견하게 된 것이다.

그처럼 일생의 경영을 끝내고 산화되어 흩어지는 별의 모습을 보고 우리는 '별똥별'이라고 말한다. 그와 같이 물체 인간생명들 역시도 한밤의 꿈같은 일생의 경영을 끝내고 육체와 이완되어 흩어지는 영기를 혼백이라고 하며, 그 영기의 혼백이 일정한 시간을 지나 다시 태어나게 된다는 것이 불가佛家에서 말하는 윤회의 이치로 환생還生이다.

그것이 창조주 하나님의 자연법칙으로 본자연本自然에서 대자연大自然 그리고 자연계自然界로 이어지는 것이 블랙홀이라는 우주 원소의 질량으로, 인간뿐만이 아니라 지구라는 행성 역시도 마찬가지다. 그 경영을 끝내고 다시 새롭게 변화된다는 것이 많은 경전들이 예언해 두고 있는 그 천지개벽의 종말론으로 최종적으로 하나님께서 목적하신 지상낙원 세계가 이 땅에서 새롭게 펼쳐진다는 것을 기록해 두고 있다.

그렇기 때문에 그러한 단계적 수순을 밟게 한다는 것이 창조주 하나님께서 섭리하신 천기운행天氣運行으로 완성의 도道를 목적하신 알파와 오메가의 하나님 그 성공시대를 지향하기 위한 섭리역사라는 것이다.

그것이 본자연하신 하나님 우주 자연법칙이기 때문에 그 수순의 단계적 변화를 가져오게 한다는 것으로, 하나님의 종복들에 의해 영혼성이 없이 창조된 물체인간 생명 또한 완성체를 이루기 위해 생사윤회生死輪廻를 거듭 반복시킨다는 것이 〈디모데전서 4장 8절〉의 말씀이다.

> 오직 경건에 이르기를 힘쓰라. 육체의 연습은 약간의 유익은 있으나 경건은 범사에 유익하니 금생과 내생에 약속이 있느니라.

그러한 약속의 말씀이 예수께서 '너희가 심는 그대로 거두리라' 하신 바로 그 윤회의 사상이다. 그와 같은 순환섭리에 의해서 현생現生에서 그 이치를 깨닫지 못하고 많은 죄업을 짓고 떠난 생명체들에게 그 마음 닦음의 기회를 다시 준다는 것이 하나님의 사랑으로 영혼 닦음의 수도장이 고통의 세상으로 다시 몸을 바꾸어 태어나게 한다는 그 환생還生으로 축복의 탄생이라고 한 것이다.

그처럼 몸을 바꾸어 태어났을 때 전생前生에 알게 모르게 누구에겐가 가슴을 아프게 했던 죄과에 대한 그 응보를 현생에 와서 받게 된다는 것으로, 예수께서 '원수가 네 집안에 있느니라' 하시고 그 원수를 사랑하라고 하시었음이다.

그 업보가 전생에서 자신이 알게 모르게 지었던 죄과기 때문에 현생에서 부부 인연으로 만나 사랑과 용서로 서로가 화합하고 풀어야 할 가장 큰 문제로 그 숙제라는 것이다.

그러한 맥락에서 공자 성현께서도 하신 말씀이 가화만사성家和萬事成이라고 하시었으며, 수신제가修身齊家 이후에 치국평천하治國平天下라고 하신 말씀이나 그 뜻을 같이 내포하고 있다.

바로 그 이치다. 가정 하나도 화목하게 다스리지 못한 사람이 이웃을, 그리고 사회에 나아가서 서로가 유익함으로 평화로운 국가건설을 도모할 수가 없다는 말이다. 그것이 유불선 기독교 스승들께서 말씀하신 동일한 가르침이다.

그처럼 인과응보因果應報에 의해서 세상을 살아가야 할 인간운명의 길이 점지된다는 것으로, 부모 자식 인연 또한 마찬가지로 전생에 누구에겐가 진 빚을 현생에서 갚고 풀어야 할 숙제로 그 탯줄을 달고 태어난다는 것이다.

그것이 인과에 의한 자연법칙이기 때문에 성자 예수께서는 '너희가 사랑의 빚 이외는 지지를 말라'고 분명히 주지시켜 주셨다. 그런 인연 관계에서 자식은 부모가 가슴까지 다 주고 길러 놓아도 당연한 것처럼 그 은혜를 크게 느끼지 못한다는 것으로, 우리 어른들이 생활 속에서 '무자식이 상팔자다'라고 한 말을 그 인과응보법칙因果應報法則을 놓고 다시 상기시켜 보게 해준다.

그 인과응보에 대해서(요한계시록 2장 21~24) 분명히 명시해 주고 있다.

> 또 내가 그에게 회개할 기회를 주었으되 그 음행을 회개하고자 아니하는 도다. 볼찌어다, 내가 그를 침상에 던질 터이요, 또 그로 더불어 간

음하는 자들도 만일 그 행위를 회개치 아니하면 큰 환란 가운데 던지고 또 내가 사망으로 그의 자녀를 죽이리니 모든 교회가 나는 사람의 뜻과 마음을 살피는 자인 줄 알찌라. 내가 너희 각 사람의 행위대로 갚아 주리라.

그것이 또한 불가佛家에서 말하는 인과응보에 의한 자연법칙으로, 탄생과 죽음은 단절이 아니라 이 세상 저 세상을 회전하는 자연반동으로 연결된 자연법칙이라는 것이다.

그런 이치에서 불교의 교조이신 붓다께서 '오늘의 네 모습을 보면 전생을 알고, 오늘 네 생각을 보면 너의 다음 생이 보인다.' 그 말씀의 뜻이나 그 성구 내용이나 조금도 다를 것이 없다.

그러한 이치의 맥락에서 우리 조상들은 아직 세상 모르는 철부지 어린아이가 놀면서 하는 짓을 보면 그 아이가 살아나갈 운명의 길, 그 싹수가 보인다고 한 것으로, 그 부모의 관상이나 사주팔자를 풀어 보게 되면 그 탯줄을 인연의 고리로 태어날 아이의 장래 운명까지도 예견해 보기도 한다는 것이 바로 그 자연반동에 의한 것이라고 한 것이다.

그것이 하늘이 각 사람의 행위대로 갚아준다는 인과응보의 법칙이기 때문에 조상의 선업善業이 삼사대에 이르기까지 이어진다는 것이었고, 악업惡業 또한 그와 마찬가지로 그 연결 고리로 이어지는 것이기 때문에 누구를 원망하지 말라는 것이었다.

그러한 윤회의 이치에서 이 세상에 태어난 인간의 삶이란, 누구나 자기가 추구하는 육신의 본능 그대로 출렁이면서 무분별하게 살아갈 때 그 인과에 의한 응징의 벌을 현생이든 다음 생이든 반드시 받게 된다는 것이 성현들의 동일한 가르치심이다.

그것이 옳고 그름을 분별하지 못한 무지無知에 의한 유죄有罪로 거기에 대한 벌이 인과응보다. 그 실례적인 모델이 유대민족의 뿌리조상 아담과 이브가 보여주는 문제의 선악과 사건으로 그 응징의 벌이 동산에서 내어 쫓김을 당하고 고통을 받게 했다는 것이 오늘 우리에게도 주고 있는 교훈이다.

그러한 이치의 맥락에서 예수께서는 주는 자가 복이 있다고 하시며, 목말라하는 소자小子에게 물 한 그릇만 떠 주어도 하늘이 그 은혜를 잊지 않고 갚아 주신다고 하시며, 협력하여 서로 돕고 사랑하라고 하셨다. 그 사랑은 한시적인 인간육신 욕구의 이성적인 사랑이 아니라, 지극하신 하나님의 가르침, 그 정신적인 영혼의 사랑을 말씀하신 것이다.

그러나 아직 미완된 인간의식은 물질이 왕 노릇 한다는 세상이기 때문에 이 현상세계가 실상이 아니라는 것을 깨우치지 못한 만큼 물질 세상에 마음을 빼앗기고 온갖 술책으로 잔머리를 굴리며 본능적으로 살아가게 마련이다. 그래서 예수께서는 '물질은 일만 악의 뿌리니라.' 하시고 세상 헛된 것을 구하지 말고 오직 그 나라와 그 의義를 구하라고 하시었다.

하지만 그 말씀을 듣고 인간 본능적으로 출렁이는 오욕칠정을 다스리고 그 뜻대로 행하는 자가 되기란 결코 쉽지 않은 일이다. 인간

육신 본능이 바로 예수께서 말씀하신 '일만 악의 뿌리'로 그 악을 하늘의 섭리를 알고 다스려야 한다는 것이 인간 누구에게나 주어진 그처럼 고통스럽고 무거운 십자가임에는 틀림이 없다.

그야말로 앉으나 서나 그와 같이 출렁이는 육신 본능적인 오욕칠정을 정도正道로써 다스려야 하는 것이 물질세상에 태어난 인간들에게 주어진 본분이기 때문에 예수께서는 누구에게나 각자 몫으로 주어진 고통의 십자가가 있다고 하시었으며, 하늘은 누구에게나 감당할 만한 십자가 외에는 주지 않는다고 말씀하셨다.

그런 의미에서 예수께서는 각자 몫으로 주어진 그 십자가의 고통을 다스리고 이겨내는 자가 '세상을 이긴 자'라고 하시며, 그 한 생명이 우주보다 크다고 하시고 자신이 실재적으로 십자가를 짊어지시고 그 고통을 참고 이겨내는 모습을 세상에 보여주신 것이었다.

그것이 만세 전부터 하나님 예정 가운데 이미 정해져 있었다는 성자예수의 운명으로, 예수께서는 자신이 십자가 위에서 참형을 당하고 죽어 사흘 만에 다시 살아 부활하게 될 것임을 생전에 말씀해 놓으셨다. 그 성구다(마태복음 13장 38~41).

> 그 때에 서기관과 바리새인 중 몇 사람이 말하되, 선생님이시여, 우리에게 표적 보여주시기를 원하나이다. 예수께서 대답하여 가라사대, 악하고 음란한 세대가 표적을 구하나 선지자 요나의 표적 밖에는 보일 표적이 없느니라, 요나가 밤낮 사흘을 큰 물고기 뱃속에 있었던 것 같이 인자도 밤낮 사흘을 땅속에 있으리라.

바로 그 뜻이었다. 태초 빛의 말씀으로 하나님과 함께 우주만물을 창조하셨던 활달 자재하신 그 능력을 나타내 보이시고, 그 영생의 말씀을 믿고 행하는 자는 그와 같이 하나님과 일체관계로 그 능력을 얻게 된다는 실증적 모델이 되어 보여주신 것이다.

그 믿음을 심어주기 위해서 이 세상에 오셔서 그처럼 희생의 산제물이 되어야 했던 성자예수를 신약성서는 '희생양'이라고 묘사하고 있음이다. 그처럼 쓰라린 인간세상의 고통을 참고 인내함으로 하나님이 바라시는 그 결실의 열매체가 된다는 것을 보여 주시기 위해 예수께서 운명적으로 짊어지셔야 했던 것이 그 고통의 십자가였다고 했다.

그 운명 앞에서 그러나 예수께서도 육신의 몸을 가지고 이 세상에 인자人子로 오셨기 때문에 가시면류관을 쓰고 피를 흘려야 하는 그 날을 눈앞에 두고 제자들과 함께 올라간 산상기도에서 보여주신 고통의 절규가 그랬다.

"아버지여! 이 쓴 잔을 내게서 면하게 하실 수는 없나이까. 그러나 내 뜻대로 마옵시고 아버지 뜻대로 하옵소서."

바로 그것이었다. 성육신으로 세상에 오셨지만 자신에게 주어진 그 운명 앞에서 육신의 생각을 다스린다는 것이 그만큼 고통이라는 것을 제자들에게 보여 주시었던 것이며, 그러나 끝내는 하나님의 예정하신 뜻에 따라 십자가의 고통을 감내하겠다는 순종하는 아들의 모습을 그처럼 교훈적인 모습으로 보여주신 것이다.

결국 그 십자가의 고통을 감당하고 하나님의 뜻에 따라 순종하는 자가 세상을 '이긴 자'의 모습이라는 것을 그처럼 이 세상에 나타내 보여 주시고, 그 마지막 운명의 순간에 '다 이루었다' 그 다섯 마디를 남기셨다. 그 말씀인 즉, 이 세상 사망의 자식들을 생명의 길로 인도하기 위해 그토록 쓰라린 십자가의 고통을 운명적으로 감당해야 했었던 자신의 소명을 비로소 다 마쳤다는 뜻이다.

그러한 성자예수 십자가의 고통이 하나님께서 영혼생명이 없는 불쌍한 인간들을 구원하기 위해 만세전부터 예정해 두셨다는 은혜로우신 하나님 사랑의 선물로 그 믿음을 영생의 소망으로 심어주기 위해 희생의 제물이 되어야 했었던 성자예수를 성서는 '어린양'이라고 기록해 두고 있는 것이다.

그와 같이 인류구원을 위해 산제물이 되어야 했던 성자예수의 희생이 인간영혼 생명의 실상을 깨우치지 못한 무지無知를 깨우쳐 주시려는 하나님 선물의 약속으로 예수께서 '나는 길이요 진리요 생명이라'고 하시고, 그 말씀을 믿고 그대로 행하는 자는 영생을 얻고 마침내 하나님과 일체一體 관계를 이루는 하나님의 아들로 성인의 반열에 오르게 된다고 하시었다.

그 영혼생명의 실재적인 모습을 생체부활로서 나타내 보이신 성자예수께서 생전에 설파하셨던 말씀이 그 영혼생명을 얻기 위해서는 각자에게 주어진 십자가의 고통이 있게 마련이라고 하셨던 것이며, 그 십자가를 짊어지고 나를 따르라고 하신 것이다.

그렇기 때문에 이 세상에 태어난 인간은 각자가 짊어져야 할 십자가의 고통이 있게 마련으로, 한 생의 삶이란 누구나 고달플 수밖에 없다. 그래서 공자 성현께서도 하늘이 큰 사람을 만들려면 뼈를 깎는 고통을 주신다고 하시었고, 그와 같은 맥락의 뜻에서 예수께서는 범사에 감사하라고 하셨음이다.

결국 이 세상 삶의 고통을 통해서 하나님께서 섭리하신 뜻을 깨닫게 되면서 한 밤의 꿈만 같은 세상에 마음을 빼앗기지 않는다는 것이며, 그 모습이 세상을 '이긴 자'로 하나님께서 고대하시는 완성체로 만들기 위해 그와 같은 고통을 겪게 한다는 것이 성현들의 한결 같은 주제로 그 가르치심이었다.

그것이 태초에 하나님께서 천지인天地人 그 삼천대세계三天大世界를 이루시기 위한 섭리역사로 대자연을 다스리게 하기 위해서 창조하셨다는 그 공중 권세자, 천상의 신족들을 세상에 보내시어 물체인간을 창조하게 하셨던 것이 그 뜻이었기 때문에 결과적으로 본성을 깨달아 완성체가 되어야 한다는 것이 인간 숙명적인 본분이라는 것이었다.

그러한 하나님의 섭리역사를 깨닫게 하기 위해서 성현들을 시대와 나라를 달리하고 보내셨던 것이며, 그 가르치심으로 하늘의 섭리를 깨달았을 때 비로소 신의 성품으로 변화를 입게 되면서 인간 고통의 업장業障이라는 생사윤회生死輪廻에 얽매이지 않게 된다는 것으로, 예수께서는 '너의 마음을 성전 삼고 늘 깨어서 기도하라'고 거듭 당부하시었던 것이다.

그러나 그와 같은 성현들의 이치의 말씀을 들어도 깨닫지 못하고, 자각하는 분별력이 없는 인간들은 육신본능 그대로 출렁이며 무질서

한 죄과를 짓기 때문에 전생이든 현생이든 그 무지에 의한 죄과를 치루는 고통을 이 세상에 다시 태어나 기필코 받게 된다는 것이 또한 성현들의 그 가르치심이었다.

그와 같은 이치의 맥락에서 석가 붓다께서는 세상을 불붙는 집에다 비유하시고, 인간 세상은 영혼 성숙을 위한 닦음의 도장으로 고통의 바다라고 하셨으며, '인생은 고해다'라고 하신 것이다.

그처럼 고통이 가득한 세상은, 먼저는 태어나는 고통, 또 신체의 기능이 쇠퇴해져서 늙어지는 고통, 육체가 질병으로 시달리는 고통, 또 죽음이라는 고통이 있을 뿐만 아니라, 사랑하는 사람과 이별하는 고통이 있고, 또 미워할 수밖에 없는 고통, 또 모든 것이 자기를 배반하고 자기의 기대에 어긋나는 고통들이 애별리고愛別離苦 원증회고怨憎會苦 구음득고求音得苦 오음성고五陰盛告라고 했다.

그렇게 고통스러운 인간 세상이기 때문에 예수께서는 각자에게 주어진 십자가를 짊어지고 하나님의 온전한 사랑을 이루어야 하는 것이 하나님의 뜻이기 때문에 범사에 감사하라고 하셨다. 그 고통을 통해서 인간영혼이 점차로 성숙되어진다는 것이기 때문이다.

그와 같은 말씀이 이 땅에 출현하신 성현들의 한결같은 가르침으로 동일한 뜻을 내포하고 있다. 결국 하나님은 완성의 도를 목적으로 하여 그처럼 고통스러운 변화를 거듭 반복하게 한다는 것이며, 그것이 하나님 완성을 향한 목표로 천기운행이라고 했다.

그러한 만물변화 이치의 실재적인 증거가 오늘 지구 도처에서 발굴되는 수천만 년의 고대 생명체의 반화석체들이 전 세계박물관 실험실에서 지금도 연구되고 있다는 것으로, 그 실제적인 변화섭리에 보다 분명하게 그 실증이 되어 주고 있는 증거다. 하지만 아직도 상당한 논란 속에 봉착해 있다고 한다. 그 이유는 그들 일부가 여호와 유일신론唯一神論의 서양 정신문화권 속에서 살아왔기 때문이다.

그것이 그들이 이제까지 믿어온 원시종교 논리로 유대민족의 시원 그 6천년을 훨씬 넘어 수백만 년 전에 지구에 그러한 생명체가 존재했었음을 입증시켜 주고 있는 동식물의 화석체들이 그 의문의 숙제로 논란의 문제점이 되고 있다는 것이다.

오늘 지구촌 고고학자들이 발굴해낸 기원전 초기 인류 화석체에서 나온 '골'의 특징은 지구 인류의 시조라고 믿는 아담과 이브의 시대에서부터 나온 두개골과는 전혀 다른 하나로 원시 '호모사피엔스'라고 했다.

그 뼈의 유전인자 염색체 분석결과에서 지구의 모든 남자들이 가지고 있는 Y염색체가 없다는 것으로, 최소한 6만년 전에 존재했던 인간 생명체의 유전인자라는 견해는 지구 최근에 속하는 아담의 후예들이 아니라는 것을 입증해 주고 있다는 것이다.

그 반화석체들을 여호와의 창조론 6,000시간대에 맞추었을 때에는 거리가 먼 이야기임에는 틀림이 없다. 여기에서 다시 떠올려 보게 하는 성구가 성자예수께서 '세상의 천년이 하늘나라 하루와 같다'고 하신 그 말씀이다.

그 성구를 놓고 볼 때, 유대민족의 뿌리시원 6천년은 하늘나라 6일에 해당되는 시간이나 마찬가지다. 그러한 이치에서 보면 벌써 수만

년 전부터 천상의 사람, 그 하늘의 신들이 지구를 내방하며 그처럼 미완된 물질인간 생명체를 설계 창조했었음을 입증시켜 주고 있는 그 증거물이라고 할 수 있다.

그러한 현상은 창조주 스스로가 완성을 목적으로 한 지구개벽으로 어느 한 순간에 지구의 생명체가 멸종되었고, 그후 다시 또 천상의 사람 그 우주 지성체들이 지구를 오르내리면서 그와 유사한 창조역사를 거듭해 왔었음을 지구 도처에서 발굴되는 기원 미상의 유적들과 비지구형 문화유산들이 그들의 내방 흔적으로 그 입증이 되어주고도 남는 것들이다.

그처럼 사라짐과 살아남은 천지창조 하나님과 생명의 고리를 잇고 천지창조 하나님의 성공시대를 향해 오늘도 천기운행을 하고 있지만 그러나 만사萬事는 시작과 끝이 있다고 했다.

그렇기 때문에 어느 시기가 오면 그 섭리하심의 뜻을 알아지게 된다는 것이 이 세상에 출현하신 성현들께서 동일하게 남겨주고 가신 가르침의 말씀이 영원히 변하지 않는 진리라고 한 것이다.

생사윤회의 법칙

인간의 탄생과 죽음은 단절이 아니라, 이 세상 저 세상을 회전하는 자연지도自然之道로서 그것이 윤회의 법칙이라고 했다.

그 원리가 처음과 끝이라는 알파와 오메가, 그 천지부모 완성을 목표로 하는 것이 천기운행天紀運行으로 우주만물에는 단계적인 수순으로 그 변화를 가져온다는 것이다.

그것이 본자연本自然하신 태초의 천지부모 하나님 그 섭리역사로 자연 만물에 변화의 수순이 있는 것처럼 자연에 속한 인간 역시도 그러한 섭리에 의해 생사윤회生死輪廻를 거듭하며, 완성체를 이루기까지 누구나 고통이 따르게 마련이라고 했다.

그러한 자연 순환법칙에 의해 이 세상에 탯줄을 감고 태어난다는 것이 인간 숙명으로, 제왕이나 큰 재벌 모두가 하늘 섭리에 의해 각자에게 주어진 운명의 길을 걷게 된다는 것이다.

그러나 하나님은 공의로우신 분이기 때문에 빈부의 격차가 없이 각자에게 주어진 삶의 고통이 있다는 것으로, 그래서 쌍가마 속에도 울음이 있다는 옛 속담의 말이 바로 그 뜻을 두고 하는 말임에 틀림이 없다.

이 세상에 태어난 인간은 누구나 그처럼 각자에게 주어진 운명의 길을 걸으면서 영혼이 성숙되어져야 한다는 것이 이 세상에 출현하신 성현들께서 가르쳐 주신 동일한 말씀이다. 결국 인간은 그 운명의 길을 걸어야 하는 삶의 고통을 통해서 깨우치고 거듭 진화 성숙하여 완성체를 이루어야 한다는 것이다.

그러한 섭리에 의해서 이 세상에 태어난 인간은 누구나 자기 몫으로 주어진 고통의 십자가, 그 무거운 인생 봇짐을 짊어지고 허위적거리며 뒤뚱거리며 세상살이 어두운 밤과 같이 고달프다고 입들을 모은다. 하지만 결국 가는 목적지는 육신까지도 버리고 떠나는 죽음만이 기다리고 있을 뿐이다.

그러나 죽음만이 인생의 최종 마침표가 아니라는 것을 성현들께서 전해주고 가신 희망의 소식이다. 그러기에 그 말씀을 듣고 깨달은 자는 결국 세상이란, 인간 영혼성숙을 위한 닦음의 도장道場이란 것을 깨닫고 더러는 세속을 떠나 수행정진修行精進에 들어가기도 한다. 그러나 진정한 마음 닦음의 수행은 세속의 중생들 속에서 닦아야만이 만사만물의 이치를 빠르게 깨닫게 된다는 것으로, 세계 7대 성현들의 삶의 행보에서 그 본을 보여주셨다.

불교의 교조이신 석가 붓다께서는 세상에서 더는 부러울 것이 없는 황태자의 신분이었다. 그럼에도 불구하고 자발적으로 자신에게 주어진 그 모든 부귀영화를 미련 없이 뒤로 하고 바리때(깡통) 하나만 달랑 들고 나와 정진수행精進修行 길에 오르시어 스스로가 세상의 온갖 고초를 자초하시었다.

그 수행의 행보에서 중생들에게 보여주신 것이 또한 각 사람의 운명은 어떤 것을 추구하느냐, 그 생각하는 사고思考에 따라서 방향제시가 된다는 그 모델이 되어 보여주신 것이기도 했다.

붓다께서 그처럼 호화로운 궁궐을 나와 수행으로 정각正覺을 이루시고 하신 말씀이 자신이 본자연本自然하신 하나님과 일체 관계로 본불本佛 자리 성자임을 깨달았다는 그 유명한 말씀이 천상천하유아독존天上天下唯我獨尊이다

불가佛家에서 말하는 '부처님'이란 우주의 근본 자리, 그 성인聖人의 입지로 '성령체'라는 뜻이다. 그 의미를 부여해 주기 위해서 지극한 성자의 위치셨지만, 그러나 이 세상 물체를 쓰고 온 인간생명은 누구나 그와 같이 자각하는 수행의 고통을 통해서 정각正覺을 이루어야 한다는 것이며, 그랬을 때 부처의 입지로 성불成佛하게 된다는 그 실제적인 모델이 되어 보여주신 것이다.

그러한 천도의 순환변화 원리를 인간 중생들에게 설법하시고, 어느 날 제자들이 보는 앞에서 한 손에 연꽃 한 송이를 들어 보이시고 빙긋이 웃어 보이셨다고 한다.

연꽃은 오만 벌레들이 우글거리는 진흙탕 물속에서 지긋한 아름다움으로 피워내는 꽃이다. 그처럼 너희도 오만 벌레들이 들끓는 세상

속에서 그 연꽃처럼 이겨내고 많은 사람들에게 감동과 기쁨을 안겨주는 생명체가 되라는 그 의미를 부여해 주셨음이다.

그 뜻이 불가佛家에서 신도들에게 '성불成佛하십시요' 하는 바로 그 이치다. 불교는 스스로 인간 동물성정의 오욕칠정五慾七情을 수행으로 닦아 비워내고 다스릴 줄 아는 '부처'가 되라는 가르침의 종교다.

그와 같은 맥락이 역시나 예수께서 하신 말씀이다. 인간 육신의 오욕칠정을 진리의 말씀, 그 정법政法으로 다스렸을 때 세상을 '이긴 자'로 하나님의 아들이 되는 성인의 반열에 오르게 된다고 하신 것으로, 그 경지에 도달했을 때에 너와 내가 형제라고 부르기를 부끄러워하지 않겠다고 하신 말씀이나 같은 이치의 맥락이다.

불교의 수행법 가운데 '만유하심자萬有下心者는 지복至福이 자귀의自貴依니라' 즉 모든 것을 포용하고 자기를 겸손하게 낮출 줄을 아는 자에게는 자연히 복이 따른다는 것으로, 그 모습이 영혼의 생명을 예비하는 참된 불제자의 자세라는 가르침이다.

그러한 행함의 모습을 실재적으로 보이신 분이 또한 성자예수로 스승의 입지에서 제자들의 발을 씻겨 보이셨다. 이렇듯 진리의 성자들은 인간이 삶을 살아가는데 자기를 낮추었을 때 무한이 높아진다는 그 지혜를 가르쳐 주셨음이다.

그러나 이 세상 인간들은 그러한 대도의 가르침으로 인간 영혼을 일깨우기 위해 출현하신 스승들의 진의를 바로 알지 못하기 때문에 삶의 현장에서 자기 충족적인 것만을 열심히 염원하며 그것이 하나님께 드리는 간구의 기도라고 중얼거리고 앉아 있다.

오늘 그러한 신도들의 의식을 깨우쳐 줄 참된 목자와 스승들이 과연 이 혼탁한 세상에서 얼마나 될까 하는 것을 다시 생각해 보게 해준다. 종교라는 이름을 빌어 그처럼 과거 성자출현 이전의 율법적인 제물헌납 요구를 그대로 답습하게 하면서 세상 지향적인 자신의 욕구를 충족시키고 있기 때문이다.

하지만 이 세상에 출현하신 성현들의 가르침은 동일하게 과거 그러한 초급한 샤머니즘적 신앙관에서 이제는 벗어나야 한다는 그 시대변화 섭리역사를 가르쳐 주셨다.

특히 그 구체적인 내용을 담고 있는 기독교 성경 신약복음은 성자 예수를 하나님의 보내심을 입은 성령체로 확신한 제자들에 의해서 기록된 것으로 그 〈4복음서〉가 그것이다. 그렇듯이 불교경전 역시도 그와 마찬가지다. 인도 땅에 붓다 출현 이전 그 시대 원주민들이 믿고 있던 신앙관이 세상 지향적인 물질제사 헌납으로, 그렇게 초급한 신앙관에서 이제는 너희가 벗어나라는 것이 붓다의 가르침이었다.

그 말씀을 믿고 받아들여 따르는 제자들은 그처럼 한시적인 인간 생명의 실상을 깨우쳐 주신 붓다의 장엄하신 공덕에 감사하면서 그 가르침을 목숨 바쳐서 지키고 따르겠다는 그들의 서약이 예불문禮佛文에 있는 '지심귀명례至心歸命禮 십방삼세十方三世 제망찰해帝網刹海 상주일체常住一切 불타야중佛陀耶衆'이다.

그 뜻인즉 참된 생명의 목숨이 되기 위해 이승에서 석가 부처님의 가르침을 배우고 실천할 것을 맹세한다는 대목이다.

그와 같이 고등종교 스승의 가르침과 삶의 행적은 대동소이大同小

異하다. 인도 땅에 석가 붓다께서 출현하시기 그 이전 원주민들이 갖고 있었던 믿음의 신앙 형태 또한 유대민족 이스라엘 백성들이나 마찬가지로 원시 형태의 샤머니즘적 기복신앙이었다.

그러한 원주민 사상은 당연히 하늘의 섭리변화 원리를 알지 못했기 때문에 인간 생사윤회生死輪廻의 이치를 모를 수밖에 없었다. 성자 출현 이전의 시대는 다신숭배 시대로 당시에 인도 원주민들의 사상은 자연신관으로 부귀, 장수, 건강, 번영, 또 전쟁을 승리로 이끌게 하는 신의 이름이 '인드라'였으며, 잘못의 죄 사함을 면하게 해주는 법의 신이 '바르나' 또 질병을 몰아내 주는 불의 신이 '아그니' 그리고 가축을 무병하게 지켜주는 '푸상' 등 그 이름을 가진 많은 자연신들을 섬기고 있었다.

그 자연신들을 권청하여 소원을 빌 때는 예물을 올리고 제사장 '바라몬'이 그 집행을 맡으면서 찬사와 영광을 받았다. 이 시대가 사실상 자연신들이 인간의 생사화복을 주관하고 있었던 샤머니즘 시대다. 그와 같은 자연신관의 신앙은 유대 이스라엘 백성들이 그들의 조상신 여호와를 절대권능의 유일하신 하나님으로 믿고 섬겨야 했었던 것이나 마찬가지로 그 자연신들의 노예나 마찬가지로 주종主從의 관계였다.

인도 원주민들이 그렇게 믿고 섬기던 자연신들 역시도 여호와 신이나 마찬가지로 저마다 성호聖號를 붙이고 그 능력행사를 보여왔다. 그렇기 때문에 당시의 사람들은 그 자연 신들에게 제물헌납을 하면서 빌어댈 수밖에 없는 시대였다.

그 시대 유목민으로 인더스 계곡에 살고 있던 농경민의 주신은 그 이름이 아직까지도 알려지지 않은 채 다만 '태양신'이라고만 했다. 그 태양을 숭배하는 습속은 고대 어느 민족에게서나 조금씩 엿볼 수 있게 해준다.

고대 사람들은 태양은 만물을 낳고, 그 생명들을 빛으로 에워싸서 자라게 한다고 생각했으며, 또한 태양이 내려주는 빛과 열이 모든 생명의 근원이라고 믿어왔기 때문에 태양은 모든 생명의 창조자로 만물을 길러내는 지배자로 태양신을 숭배했었다고 한다.

그러한 태양신 숭배사상은 성자 출현 이전 고대 어느 농경민족들에게 조금씩은 엿볼 수 있게 해주고 있다. 특히 고대 이집트, 잉카, 인더스 등지에서는 그 습속이 민간신앙으로 전해져 내려왔다.

그로부터 비롯된 민간신앙이 사람 육체에서 호흡이 끊어지면 이탈한 영혼이 태양신의 곁으로 날아간다고 믿었고, 또 언젠가는 다시 돌아올 것으로 믿어 이집트에서는 사멸한 육체를 '미이라'로 보관하는 풍습이 그로부터 비롯된 것이라고 했다.

그것이 당시 원주민들이 사고하는 신앙관으로 인간 영혼은 소멸되지 않고 그 미이라에 다시 되돌아와 부활할 것으로 믿고 있었다는 것은 내세 또한 현세의 연장이기를 그처럼 절실하게 바랐기 때문일 것이다. 이렇듯 불교 윤회사상의 근본인 영혼불멸의 존재에 대해서는 석가 불교 이전 원시시대를 지나 취락을 이루는 정주생활에 들어서면서부터 어렴풋이 자기 존재의 윤곽을 의식했음을 보여주고 있다.

물론 종족에 따라서는 그들의 창조신들로부터 존재 확인을 위한 분별력 사고를 키우는 도움을 받기도 했었음을 특히 유대민족 뿌리 역사 구약 속에 기록해 두고 있다.

그러한 미개인들에게 있어서 어렴풋이나마 인간영혼의 존재를 의식할 수 있었다는 것은 그래도 그만큼 이성이 진화 성숙되어 나가고 있었다는 증거다. 먼저 윤회사상이 성립되는 근거는 육체에서 이탈된 개별적인 영혼의 존재를 인식하면서부터 전제되어졌음이다.

물론 그때까지는 인간 또한 본능적인 동물이나 마찬가지여서 그러한 자각의 분별력이 없었겠지만, 그러나 점차 자기의 존재를 의식하면서부터 자연 생로병사生老病死에 관한 문제뿐 아니라, 꿈과 현실을 식별할 수 있었던 무렵에야 겨우 눈을 뜨게 되었음을 그 시대적인 분위기에서 보여주고 있다.

그로부터 인간영혼의 관념에 대해서 갖게 된 사고思考가 미이라를 만들어 보관하면서 그 영혼이 언젠가는 다시 되돌아올 것으로 믿을 정도로 의식이 점차 발전했음을 엿볼 수 있게 해준다.

고대인들의 영혼에 대한 확신은 무엇보다도 잠이 들었을 때 꿈을 꾸는 체험에 의해서부터 시작되었을 것이 분명하다. 잠이 들었을 때 꿈속에서 산이나 들을 방황하고 돌아오는 자신의 생생한 체험에 의문을 갖게 되면서, 결국 꿈이란 영혼의 여행으로 간주했을 것이기 때문이다.

이러한 관념이 인류가 영혼에 대한 눈이 떠지기 시작하면서부터 보여주는 풍속도로 인간영혼이 잠시, 혹은 장시간 육체를 빠져나갔다가 돌아올 것을 믿는 '윤회설'의 시작이다. 그리고 그 뒤에 점차 다른 영혼이 그 육체에 숨어 들러올 수 있다고 믿었던 것은 미치광이나 혹은 급격한 인간개변 등을 보면서 이때에 그 악령을 몰아내고자 그들이 믿고 숭배하는 신에게 제물을 올리며 빌거나, 혹은 주술사에게 부탁해서 그 악령을 추방하는 방법으로 삼았다.

그것이 지금까지 어느 민족에게서나 조금씩은 보여주고 있는 샤머니즘적 민속신앙 형태다.

그와 같이 고대인도 원주민들이나 그리스인들은 서양 유대민족에 비해 비교적 그때 벌써 형이상학적 인간영혼에 대한 나름대로의 체계를 보여주고 있다. 여기에서 유대민족의 조상신 여호와의 피조물 아담과 이브의 창조 행사를 유추해 볼 필요가 있다(창세기 2장 7절).

> 여호와 하나님이 흙으로 사람을 지으시고 생기를 그 코에 불어 넣으시니 사람이 생령이 된지라.

위의 성구와 비교해 볼 때 그들의 경전인 〈베다〉 기록에서 '호흡' 또는 '기력'은 곧 '생기'나 다를 것이 없다. 유대 이스라엘 민족은 그 조상에게 생기 곧 '호흡'을 불어넣어 주었다는 여호와를 절대적으로 믿어야 하는 유일하신 하나님으로 믿고 숭배해 왔다.

그처럼 그 족속 창조신에 의해서 불어넣어진 호흡이나 생기가 영혼이라고 생각했던 당시의 사람들이다. 섬나라 마르케서스 군도의 사람들은 그 영혼이 입이나 콧구멍으로 들락거린다고 생각하고 사람이 빈사상태가 되면 달아나는 영혼을 막기 위해 입과 코를 막는 풍습이 만들어졌다고 한다.

이렇게 고대 사람들은 산 자와 죽은 자와의 구별에 있어서 죽음이란, 물론 종족에 따라서 조금씩 그 견해가 다른 만큼 풍습 또한 다르긴 하지만 그 영혼 '있음'에 대한 이해에 있어서는 거의 비슷한 관념으로 유사했었음을 엿볼 수 있게 해준다.

이렇듯 인간영혼 존재에 대한 관념은 미개한 인종마저도 가지고 있었다. 그들은 부모가 죽으면 그 자식이 부모의 신체 장기 일부를 잘라 먹음을 가장 직접적이고 간명하게 망자의 육신 안에 있던 영혼을 자기 몸속에 스며들게 한다는 관념이 확실한 계승의 의식절차 행위는 죽은 자에 대한 존경심 없이는 이루어질 수가 없다. 그 영혼이 자기 몸 안에 상주하여 생전에 그 능력을 계승해 줄 것이라고 믿는 그러한 믿음이 있었기 때문이다.

그와 같은 고대 원시적 관념의 사고에서 일보 발전하여 '몸' 바꾸어 태어나기 그 윤회설은 석가 이전 고대 이집트의 '오시리스'로 이미 BC 2400년 내지 2500년경, 제9왕조 및 제10왕조 시대 기록에서 찾아볼 수가 있다. 시체를 장사지내는 관 위에 '오시리스의 법정'이라는 문자가 나타나 있다는 것이며, 또 '망자의 영혼이 법정에서 의롭다는 판정을 내리게 해주소서' 하는 기도문이 적혀 있었다고 한다.

이 경우 의롭다는 판결을 받지 못한 영혼은 히디스의 심판을 받고 그 생전의 죄업에 따라 새로운 '몸 바꾸기'를 반복하는 것이라고 믿고 있었음을 나타내 주고 있다.

이러한 관념은 고대 인도의 알루야족도 마찬가지였다. 그들은 죽음의 세계를 관장하는 '야아머' 심판에 의해 의로운 영혼과 악한 영혼은 그 가는 길부터가 달라서 의로운 영혼은 하늘로 승천해서 과거 죽은 조상의 영혼도 만나고 놀며 산다는 것이었고, 그렇지 못한 악령은 높이 오르지를 못하고 축생도로 떨어지거나 아니면 그 영혼이 먹을 수도 없는 채, 끝없는 구천 하늘을 헤매게 되는 것이라고 믿어온 것이 그들의 내세관이었다고 한다.

이러한 알루야족의 신앙관은 이 세상에서 선행을 쌓은 사람은 죽은 뒤에 이 세상에서 가장 존경을 받고 있는 바라몬이나 계급 신분인 크리샤트리아 왕족 혹은 평민으로 태어나는 반면에 악업을 쌓은 영혼은 개나 돼지 같은 금수로 태어나게 되는 것이라고 믿어왔다는 것이다.

그래서 석가 불교가 출현하기 이전까지 제사는 물론, 종교나 철학상의 문제는 바라몬 계급이 전적으로 주관하고 있었던 것으로, 왕족이라고 하더라도 그 문제만큼은 절대 관여하지를 못했다고 한다.

고대 인도의 원주민 윤회설 사상이 알루야족인 바라몬 계급에 스며들 수 있었던 것은, 바라몬이 정복자인 알루야족의 피를 비교적 순수하게 유지해 오고 있었던 것에 비해, 크샤트리아는 원주민과 농후하게 혼혈되어 나왔기 때문이다.

그로 인해서 지난날 인더스 문명을 걸머지고 있었던 원주민 풍속을 계승할 수가 있었다는 것이며, 태양숭배 사상은 본래 원주민 인더스 신앙이며, 알루야족의 신앙관이 아니었다고 한다.

거기에 따른 윤회설 또한 마찬가지였다. 전생의 행위에 따라 태어난다는 윤회설의 경우 신로神路란 태양의 길이며, 조도란 달의 길로 신로를 우위에 둠으로 그 이전에 왕족 크샤트리아에게 태양숭배의 민속신앙이 흐르고 있었음을 나타내 주고 있다. 이러한 고대 인도의 민간신앙을 체계적인 동양사상으로 정립할 수 있었던 것은 석가 붓다께서 깨달음의 정각正覺을 얻고부터였다. 그것이 인도의 독자적인 윤회사상을 마침내 새롭게 태어나게 해준 것이다.

그 당시 자연신 숭배사상의 원주민들 제사의식 형태는 구약시대 이스라엘 백성들이 양을 잡아 여호와 신에게 제물로 바쳐 올렸던 것보다 한층 더 무지스러웠다. 신과 대등한 존체로 대우를 받고 있던 제사장 바라몬(알루야족)이 지적한 사람이 제물이 되어 제단에 올려놓아지고 있었던 그러한 시대 분위기에서 그들 제사장들과 수없이 마찰을 일으켰었던 석가 붓다였다.

이렇게 천도의 시대변화 섭리운행은 다신 숭배의 샤머니즘적 시대에서 고등종교라는 진리의 성자들, 그 천도天道의 가르침 시대로 그 변화 기운이 동양이라는 인도 땅에 새로운 종교혁명의 불씨를 일으켰던 것이다.

그 시대의 제사장들에게 붓다께서 인간생명을 중시하라는 말씀이 그 불씨로 그들과 거듭 마찰을 일으켰던 것이며, 그 백성들에게 인간생사윤회의 이치를 깨우쳐 주고자 그처럼 수행의 고초를 자초하시면서 그 모델이 되어 보이시고, 마침내 그 법문을 인도 땅에 남겨 두고 가신 것이다.

석가 붓다께서도 열반에 드시기 그 얼마 전에 제자들에게 자신이 이제 그 소명을 마치고 떠나게 됨을 귀띔을 하셨다. 그때 제자 아란존자가 여쭈어 물었다.

"부처님께서 입멸하시면 저희들은 누구를 스승으로 삼으오리까?"

그러자 아란존자에게 하신 말씀이 다음과 같았다.

"너 자신을 스승으로 삼고, 법을 스승으로 삼아라. 사람은 사람을 속이지만 법은 사람을 속이지 않는다. 계를 지키는 자는 나를 볼 것이요, 나를 따르는 자는 계를 지키지 않으면 안 될 것이니라. 내가 이 세상에 더 머물러 있다고 해도 이보다 더할 것이 없느니라."

여기에서 법등명法燈名, 자등명自燈名, 법귀의法歸依, 자귀의自歸依라는 말이 나왔다. 그러한 석가 붓다의 가르치심이 유대 땅에 출현하신 성자예수께서 그 이스라엘 백성들을 향해 이제 그 율법적인 제사 형식을 버리고 늘 깨어 마음을 성전 삼고 그 나라와 그 의義를 구하는 것이 너희가 하나님께 바치는 진정한 산제사라고 하신 그 말씀이나 조금도 다를 것이 없는 법문이다.

그처럼 늘 깨어서 자아성찰自我省察하는 마음이 인간 내면의 본성을 깨닫게 된다는 것이며, 그러한 자각自覺의 심안心眼 속에 하나님이 함께 계신다는 것으로, 예수께서 '천국이 여기 있다, 저기 있다 하지 말라. 천국은 너희 마음 안에 있느니라' 하신 그 말씀이나 동일한 가르치심이었다.

그와 같이 석가 붓다께서 설파하신 법문 역시도 그 이치로 중생들에게 세상 지향적인 기만의 눈을 안으로 돌려서 자성불自性佛을 깨달으라는 가르침의 뜻 그 모두가 근본체根本體를 향해 관통하고 있는 말씀이다. 그 가르치심이 영원히 변하지 않는다는 진리로 허망한 물질지향적인 사고를 벗어나 인간생명의 근원적 정도正道의 이치를 자각自覺하여 깨달으라고 하신 것이다.

그 지혜를 얻기 위해서는 각자가 수행정진修行精進한 만큼 영혼이 성숙되어진다는 것이며, 죽음 후에 또 다른 세상에서 보다 높은 차원의 의식을 갖춘 '나'로 변모하여 환생하게 된다는 가르침의 말씀이었다. 그와 같은 자연섭리 변화 원리에 의해서 인간의 짧은 한 생애를 통해서도 생활 속에서 수없이 또 다른 변모를 보여주는 것이나 마찬가지로, 반복되는 윤회의 환생을 통해서 그 높낮음의 기폭을 만나보게 함으로 인간영혼을 성숙시킨다는 것이 본자연本自然하신 조물주 하나님의 자연법칙으로 이 변화를 자연지도自然之道라고 한 것이다.

이렇듯 자연에 속한 인간생명은 그 한 생의 삶 속에서 수행의 정진으로 영혼을 성숙시켜야 하는 것이 숙명적인 인간의 본분이기 때문에 눈에 보이는 허상이라는 세상에 마음을 빼앗기지 말라는 것이 성자 예수뿐만 아니라 동서로 시대와 나라를 달리하고 오고간 성현들의 한결 같은 말씀이었다.

결국 만물이 형체를 드러내고 생멸변화하고 있는 이 현상세계가 실상이 아니라 버리고 떠날 허상에 불과하다는 것으로, 예수께서 제자들에게 '부자가 천국 들어가기가 낙타가 바늘구멍으로 들어가는 것보다 더 어렵다' 하시고 '그 나라와 그 의를 구하라'고 하신 것이다.

그와 같은 맥락에서 석가 붓다께서도 제자들에게 다음과 같이 설하셨다.

"너의 눈동자를 기만의 세계로부터 돌려라. 그리하여 자기의 감정에 믿음을 두지 말라, 그들은 거짓말쟁이다. 내 자신 속에 개인을 떠나 너 자신의 내부에서 영원한 사랑을 찾으라."

바로 그것이다. 인간의 감정이란, 물 위에 흘러가는 풀잎과도 다를 것이 없기 때문에 자기의 감정에 휩쓸리지 말고, 허망한 생각을 비워내라는 가르침의 말씀이다.

사실 고등종교 스승 가르침의 말씀으로 세워진 기독교의 진면목도 그렇지만 불교의 가르침 역시도 현생의 복덕을 기원하거나, 또 재앙이나 물리쳐 주고 내세의 극락이나 추구하는 그런 종교가 아니다. 근본이라는 우주와 나와의 관계 속에서 자신을 깨우치고, 남도 깨치며 동시에 깨달음을 그대로 행하는 자각의 종교다.

이때의 자각은 사심이 전혀 없는 무아無我의 상태로 모든 것을 받아들이고, 또 모든 것을 줄 수 있는 절대 자유, 절대 독립의 최고 상태로 이것이 붓다께서 말씀하신 천상천하유아독존天上天下唯我獨尊의 경지다.

하지만 인간은 생사윤회生死輪廻를 거듭하면서도 한생을 통해서 그 이치를 제대로 깨닫지 못한 관계로 각자에게 주어진 삶 속에서 그 영혼 닦음의 수행에 따라 생각하는 그 의식 수준의 근기根氣가 각자 다르기 때문에 붓다께서는 거기에 따라 방편법方便法을 쓰게 되는 것이라고 하시었다.

그러한 이치의 맥락에서 예수께서도 '들을 귀 있는 자는 들으라' 하시고 또 '진주를 개한테 던지지 말라'고 하셨다.

제자들이 그 비유에 대해서 물었을 때 예수께서 다음과 같이 말씀하셨다(누가복음 8장 9~11).

"하나님 나라의 비밀을 아는 것이 너희에게는 허락되었으나 다른 사람에게는 비유로 하나니 이는 저희로 보아도 보지 못하고 들어도 깨닫지 못하게 하려함이라."

바로 그것이다. 오직 세상 지향적인 것만을 추구하고 닦지 못한 초급한 영혼이 어느 날 훌쩍 뛰어넘어 대법계大法界 천도天道의 이치를 깨달을 수도 없는 것이지만, 또한 그렇게 할 수도 없는 것은 영혼 진화에도 어디까지나 거쳐야 할 그 단계적인 수순이 있다는 말씀이다.

그와 같이 고등종교 스승들은 동일하게 인간생명의 본질을 깨우쳐서 영혼을 성숙시키라는 가르침으로, 세상은 천지만물을 창조하신 하나님, 그 완성을 목적으로 향해 가는 자연지도自然之道에 의한 업장業障이라고 하신 것이다.

영계靈界와 신계神界의 시대구별

태초에 우주만물을 빛의 말씀(Logos)으로 천지인天地人, 그 삼천대세계三天大世界를 이루셨다는 하나님이 처음과 끝이라는 알파와 오메가의 하나님이다. 그와 같이 대우주적인 천지부모天地父母 창조주 하나님의 섭리역사를 이 세상에 출현하시어 가르쳐 주신 세계 칠대성현들이다.

그처럼 삼천대세계라는 이 우주는 경계가 없는 무한의 세계다. 그러므로 무실체한 현상계의 공간이 전부인 것처럼 보이지만 실상은 신묘하게 존재하는 허유중실虛有中實한 참 공간이 있음을 기독교 성경 역시도 〈창세기 1장〉에서 분명히 밝혀주고 있다.

물론 속세에서는 이 허유중실의 진공세계가 눈에 보이지 않는 세계이기 때문에 유계幽界, 명명지처, 또는 비장처라고 말한다. 공空이란, 바로 천지자연의 모든 공간세계를 통틀어 일컫는 세계로 육안으로 볼 때는 텅 비어 있는 것같이 보이지만 비어 있지 않은 이중적 의미를 내포하고 있다.

이러한 우주공간의 본질적인 실상을 깨우치게 되면 태초 천지창조의 근원지가 바로 성경(창세기 1장)에 기록하고 있는 조화주 천지부모 하나님이 어재하시는 영계靈界로, 참 공간세계임을 알게 되어 있다. 따라서 태초 우주만물을 빛의 말씀(logos)으로 창조하신 창조주 하나님께서 천상의 신계족神界族 '사람'을 만들고 그들로 하여 현상계에 조화의 인간 종자 씨를 뿌리게 하셨던 그 주재자가 어재하시는 영대靈臺임을 알게 된다는 것이 성현들의 가르치심이다.

그 이치를 깨우쳐 주기 위해 세상에 출현하신 성자예수께서 '나는 영이니' 하셨던 것으로, 그처럼 활달자재할 수 있는 하나님 능력의 실체를 세상에 드러내어 그 믿음을 심어 주고자 하심이 운명적으로 짊어지셔야 했던 십자가로, 마침내 그 고난을 참아 이겨내시고 생체부활生體復活을 해보이셨음이다.

그처럼 광명한 빛의 세계관이 태초의 천지부모 성부와 성모, 그리고 그 일곱 성자 가족 구성원의 근원지로, 그 영계의 에너지체가 태초 일곱색 빛으로 우주만물을 형상화시켰다는 충만한 본체계임을 깨달으라는 것이 성현들의 동일한 이치의 말씀으로 영원히 변하지 않는다는 진리라고 하신 것이다.

그와 같이 영계의 천지부모 하나님 그 가족 구성원으로 지극한 성자의 입지에서 독자 인격신으로 이 세상에 미완된 물체인간 생명체를 완성시키기 위해 동서東西로 시대와 나라를 달리하고 출현하셨던 성현들의 근원을 〈요한계시록〉에서 '이 땅에 보내심을 입은 하나님의 일곱 영'이라고 그 입지를 분명히 밝혀주고 있다는 사실이다.

그 일곱 성자들 중에서 성부聖父하나님의 우주정신, 그 으뜸 머리 도맥으로 유대 땅에 출현하신 고등종교 스승 예수께서 '나를 통하지 않고는 결단코 천국에 들어갈 자가 없느니라' 하시었다.

그 말씀의 뜻인 즉 성현들의 가르침에도 그 시대에 따라 인간 의식을 단계적으로 깨우치게 하기 위한 그 수순이 있기 때문에 고등종교 스승들이 맨 끝자리에 차례대로 출현하신 것으로, 그 가르치심이 하늘나라 대도大道로서 천법天法이라고 한 것이다.

그 성자예수를 태초의 빛, 그 하나님의 아들로 증거하라는 사명을 받고 왔다는 세례요한의 증거에서도 그 입지를 분명히 밝혀주고 있다(요한복음 1장 1~7).

> 태초에 말씀이 계시니라, 이 말씀이 하나님과 함께 계셨으니 이 말씀은 곧 하나님이시라, 그가 태초에 하나님과 함께 계셨고, 만물이 그로 말미암아 지은바 되었으니 지은 것이 하나도 그가 없이는 된 것이 없느니라, 그 안에 생명이 있었으니 이 생명은 사람들의 빛이라, 빛이 어둠에 비취되 어두움이 깨닫지 못하더라, 하나님께로서 보내심을 받은 사람이 났으니 이름은 요한이라, 저가 증거하러 왔으니 곧 빛에 대하여 증거하고 모든 사람으로 자기를 인하여 믿게 하려 하심이라.

이처럼 세례요한은 성자예수의 실체를 증거하기 위해 천상의 신계에서 보내진 선지자로 그 역시도 육신혈통의 탯줄을 감고 이 땅에 실재적인 인간의 모습으로 태어났다.

그러나 오늘 서구 신학자들의 논리는 그처럼 영계靈界와 신계神界를 구별하지 못하고 이 땅에 인간 '종자 씨'를 심기 위해 보내진 영계의 성부하나님의 종從 신계의 여호와를 본원 자리에 격상시켜 성자 예수를 여호와의 아들로 묶어 설파하는 커다란 오류를 범하고 있다.

하지만 성경은 구약과 신약을 통해 그 세계관이 엄연히 다른 차원으로 본자연本自然 영계靈界는 대자연大自然을 다스리는 신계神界의 주체가 되고, 신계는 인계人界의 체로 천지인天地人 삼천대세계三天大世界가 본체신 하나님의 '한 틀' 속에서 고리를 잇고 완성을 향해 운행되고 있다는 그 우주 섭리역사를 그처럼 밝혀주고 있다는 사실이다.

그와 같은 천지창조 운행원리의 진실을 성경은 〈창세기 1장과 2장〉으로 나누어 기록하고 있다. 그 1장의 내용이 우주만물이 창조되어진 대원인의 장면場面으로 광명하신 영계의 하나님 그 빛의 세계관이다. 그 영계의 천지부모 하나님 뜻 가운데 태초의 빛, 그 광명하신 말씀(Logos)으로 지음을 받고 지구에 내려온 신계족의 여호와가 주인 하나님의 뜻을 받들어 그 생기의 호흡을 불어넣어 시도한 물질인간 설계 창조가 〈창세기 2장〉에서 보여주는 유대민족 혈통의 조상뿌리 아담과 이브였다.

하지만 여호와의 창조물 아담과 이브는 태초의 하나님 그 능력이 아니었기 때문에 영혼성이 없는 다만 물체뿐인 생명체로 분별력조차도 없었다는 원시인간으로 그처럼 무지스러웠음을 나타내 주고 있다.

그 형태가 하나님의 뜻을 받들어 이 땅에 내려와 물질인간을 설계 창조한 신계족의 능력 한계이었음이다. 그렇기 때문에 여호와가 그처럼 의식 분별력이 없는 원시인간을 만들어 놓고 한탄했다는 그 내용의 기록이 거기에 또한 실증이 되어 주고 있는 것이다.

그 성구 내용을 통해서 보더라도 오늘 서구 신학자들이 여호와를 전지전능하신 태초의 성부하나님으로 승격시켜 설파한다는 것은 과거 천지분간을 하지 못했다는 원시인들의 무지스러움이나 다를 것이 없다.

그렇게 기독신학에서 영계의 성부하나님으로 승격시키고 있는 여호와의 행사 모습은 분명히 실재적인 운송수단으로 하늘과 땅을 오르내린 우주의 지성체로 천상의 '사람'으로 신계족임을 나타내 주는 그 성구 기록이다(19장 16~).

> 제 삼일 아침에 우레와 번개와 빽빽한 구름이 산 위에 있고, 나팔 소리가 심히 크나 진중에 모든 백성들이 다 떨더라.

이 성구가 그들이 말하는 여호와 하나님의 지상 강림 장면이다. 그 백성들이 벌벌 떠는 가운데 제사장 모세는 여호와를 맞으려고 백성을 거느리고 진에서 나와 산기슭에서 여호와의 '강림'을 지켜보는 다음 그 성구 묘사다.

> 시내 산에서 연기가 옹기점 같이 떠오르고 온 산이 크게 진동하여 나팔 소리가 점점 커질 때에…

분명히 나팔 소리라고 했다. 이때 여호와는 분명히 스피커를 통해 그 강림을 알리고 있었음을 나타내 준다. 이렇게 여호와는 우주선에 탑승하여 나팔을 이용하거나 수신용 전자매체를 사용하고 있었음을 의심해 볼 여지가 없다. 그 사실을 더욱 확인시켜 주는 것은 다음 성구다(출애굽기 3장 1~5).

> 모세가 그 장인 미디안 제사장 아드로의 양무리를 치더니 그 무리를 광야 서편으로 인도하여 하나님의 산 호렙에 이르매 여호와의 사자가 떨기나무 불꽃 가운데서 그에게 나타나시니라, 그가 보니 떨기나무에 불이 붙었으나, 사라지지 아니 하는지라, 이에 가로되, 내가 돌이켜 가서 이 큰 광경을 보리라, 떨기나무가 어찌하여 타지 아니하는고, 하는 동시에 여호와께서 그가 보려고 돌이켜 오는 것을 보시는지라, 하나님이 떨기나무 가운데서 그를 불러 가라사대 모세야, 모세야, 하시매 그가 가로되 내가 여기 있나이다, 하나님이 가라사대 이리로 가까이 하지 말라, 너의 선 곳은 거룩한 땅이니 네 발에서 신을 벗으라,

모세 앞에 착륙한 우주선에서 눈부신 빛이 나무들을 비추고 있었기 때문에 모세는 '떨기나무가 어찌하여 타지 아니 하는고' 하고 신기하게 생각한 것이다.

그래서 모세는 그 광경을 다시 보려고 했을 때, 여호와가 불러 다시 재확인하지 못했다는 기록이다.

여기에서 그것이 우주선이었다는 사실을 다음 성구 묘사에서 분명히 해준다(출애굽기 24장 9~11절).

모세와 아론과 나답과 아비후와 이스라엘 장로 칠십인이 올라가서 이스라엘 하나님을 보니 그 발아래는 청옥을 편 듯하고 하늘 같이 청명하더라. 하나님이 이스라엘의 존귀한 자들에게 손을 대지 아니하셨고, 그들은 하나님을 보고 먹고 마셨더라.

이 성구에서 그들은 분명히 '올라가서' 이스라엘의 하나님을 면대했다는 것이다. 그와 같이 이스라엘 백성 대표자들은 우주선에 초대되어 여호와가 천상에서 가지고 온 실재적인 음식까지 융숭하게 대접받고 있었던 것으로, 그 발아래가 '청옥을 편 듯하고' 그렇게 묘사하고 있음은 아마도 파란색의 합금이었을 것으로 짐작해 보게 해준다. 당시의 백성들은 문명된 이기를 보질 못했기 때문에 비행물체가 이륙할 때 생기는 불꽃의 색체를 여호와의 '영광'이라고 생각했으며, 그래서 위엄의 존재로 묘사하고 있는 것이다.

이렇게 구약시대 실재적인 우주선 비행물체를 타고 내려온 천상의 신계족들은 진보된 4차원의 문명의 이기를 활용했으며, 또한 그 백성들의 지각능력을 키우기 위해서 족속과 족속간의 맞대결 싸움을 붙여 놓고 그 전략까지도 세워 가르쳐 주면서 진두지휘하는 행사 모습을 다음 성구에서 보여주고 있다(열왕기상 22장 19~23절).

내가 보니 여호와께서 그 보좌에 앉으셨고, 하늘의 만군이 그 좌우편에 모시고 서 있는데 여호와께서 말씀하시기를,

"누가 아합을 꾀어 저로 길르앗 라못에 올라가서 죽게 할꼬."

하시니, 하나는 이렇게 하겠다고 하고, 하나는 저렇게 하겠다고 하였는데, 한 영이 나아와 여호와 앞에 서서 말하되,

"내가 저를 꾀이겠나이다."

여호와께서 저에게 이르시되,

"어떻게 하겠느냐?" 가로되

"내가 나가서 거짓말 하는 영이 되어 그 모든 선지자의 입에 있겠나이다."

여호와께서 가라사대,

"너는 꾀겠고, 또 이루리라, 나가서 그리하라,"

하셨은 즉, 이제 여호와께서 거짓말 하는 영을 왕의 이 모든 선지자의 입에 넣으셨고, 또 여호와께서 왕에게 대하여 화를 말씀하셨나이다.

위의 성구를 통해서 보더라도 여호와는 이스라엘 족속만을 주관하는 민족 수호신임을 분명히 나타내 주고 있으며, 예수께서 내 아버지는 만물을 사랑으로 총괄하신다는 그런 사랑의 하나님 위상과는 도저히 일치될 수가 없다.

그 행사 모습은 여호와가 창조한 그 유대족속의 세속적인 의식진화를 위해서 이방족속을 꾀이는 계략의 전략전술까지도 가르쳐 주고 있었으며, 그때 이미 천상의 신무기까지도 직접 동원했었음을 다음 성구에서 나타내 보여주고 있다(여호수아 10장 10~11절).

여호와께서 그들을 이스라엘 앞에서 패하게 하시므로 여호수아가 그들을 기브온에게 크게 도륙하고, 벧호론에 올라가는 비탈에서 추적하여 이

세가와 막게다까지 이르니라.

그들이 이스라엘 앞에서 도망하여 벧호론의 비탈에서 내려갈 때에 여호와께서 하늘에서 큰 덩이 우박을 아세가에 이르기까지 내리우시매 그들이 죽었으니 이스라엘 자손의 칼에 죽은 자보다 우박에 죽은 자가 더욱 많았더라.

위의 성구에서 묘사되고 있는 것이 '큰 덩이의 우박'이다. 그것은 문명된 4차원의 신무기로써 여호와가 하늘에서 달아나는 이방족속들에게 내려쏟은 전면적인 폭격이었음을 나타내 주고 있다.

그러한 여호와의 행사는 이스라엘 백성을 감시 감찰하기 위해서 우주선을 타고 그 백성들의 동태를 살피고 있었음을 다음 기록에서 나타내 주고 있다(열왕기상 8장 10~13절).

제사장이 성소에서 나올 때에 구름이 여호와의 전에 가득하매 제사장이 그 구름으로 인하여 능히 서서 섬기지 못하였으니 이는 여호와의 영광이 여호와의 전에 가득함이었더라. 그때에 솔로몬이 가로되, "여호와께서 캄캄한데 계시겠다, 말씀하셨사오나 내가 참으로 주를 위하여 계실 전을 건축하였사오니 주께서 영원히 계실 처소로소이다."

위의 성구에서 '능히 서서 섬기지 못하였으니…' 바로 그 부분이다. 또한 캄캄한 속에 '여호와의 영광이 가득하더라' 그 묘사는 우주선 밖은 캄캄하지만 그 안은 불을 환하게 밝혀두고 있었음이다. 그래서 솔로몬은 그들을 보호하는 여호와를 위해서 거하실 처소를 따로 건축

하겠다는 제안을 올린다.

그들로서는 대면하기가 그만큼 불편했기 때문임을 나타내 주고 있는 것으로, 여호와는 실재적으로 지구의 물체인간과 다를 것이 없는 보편적인 사람의 모습이었음을 분명히 나타내 주고 있는 것이다.

그 상황이 구약시대의 분위기다. 하늘에서 내려온 천상의 사람, 그 신족들을 천주 하나님으로 믿고 섬기며 공물을 바치고 엎드려 빌던 기원전 600년 전후의 백성들은 여호와가 탑승하고 있는 우주선에 그처럼 이질감과 불편함을 느끼고 고민한 끝에 청한 것이 편안하게 마주 대할 수 있는 주의 전을 짓겠다는 간청이었음이다. 그만큼 인간의 지성이 미개했던 시대였기 때문에 로켓 비행기를 '까마귀'로 표현할 수밖에 없었던 시대다. 하지만 실체적인 물체였음을 다음 기록에서도 분명히 해주고 있다(열왕기상 17장 4~6절).

> 그 시냇물을 마시라, 내가 까마귀들을 명하여 거기서 너를 먹이게 하리라,
>
> 저가 여호와의 말씀과 같이 하여 곧 가서 요단 앞 그릿 시냇가에 머물 때에 까마귀들이 아침에도 떡과 고기를, 저녁에도 떡과 고기를 가져왔고…

이렇게 천상의 신족들은 운송수단의 비행기로 그들이 창조한 백성들에게 실재적으로 먹을 음식까지도 날라다 주고 있었음이다. 그러한 성구를 문명이 발달된 오늘날에도 실제적인 '까마귀'라고 생각하

는 성서학자들이다. 그렇기 때문에 그렇게 설파하고 또 그렇게 받아들여 믿고 있는 기독 신앙인들이다.

그처럼 원시적인 성서풀이는 마치 공상만화 같아서 문명된 현대인의 잣대로서는 도저히 이해할 수 없는 그야말로 복잡하고 어지러운 텍스트이다. 그래서 서양의 문명된 현대인들로부터 고개를 돌리게 하고, 또 진보 발전된 과학자들과는 점점 그 거리가 멀어져 가고 있는 상태다.

이렇게 구약시대 천상의 사람, 그 우주 지성체들이 지구 인간들에게 날라다 준 음식물은 실재적인 음식으로 떡과 고기 이외도 '만나'라는 것이 있다. 그 맛이 어떠하고 모양이 어떠했는가를 보여주는 다음 기록이다(민수기 11장 7~9절).

> 만나는 깟씨와 같고 모양은 진주와 같은 것이라, 백성이 두루 다니며 그것을 거두어 맷돌에 갈기도 하며, 절구에 찧기도 하고 가마에 삶기도 하여 과자를 만들었으니 그 맛이 기름 섞은 과자 맛 같았더라, 밤에 이슬이 진에 내릴 때에 만나도 같이 내렸더라.

그 성구에서의 '만나'는 이스라엘 백성이 이방민족의 신을 더 크게 보고 섬겼다가 여호와의 진노를 입고 400년간 이집트 노예생활을 하다가 겨우 풀려나와 여호와가 약속한 땅, 가나안을 향해 가는 광야생활에서 있었던 일이다.

그때 여호와가 그 백성들에게 내려준 그 식물 운송수단이 '까마귀'

로 묘사되고 있지만, 그 전개상황을 보더라도 비행물체이였음을 확실하게 나타내 주고 있다. 그들은 그것을 주워다가 양식을 삼고 가나안을 향해 행진할 수가 있었던 것이다.

이렇게 실질적인 천상의 식물을 받았다는 것은 타민족의 뿌리시원의 역사에서도 보여주고 있다. 쿨루웨라는 부족은 그들을 주관하는 신이 하늘에서 씨앗과 땅을 고르는 갈퀴 그리고 도끼와 풀무를 가지고 내려와 그들에게 살아가는 방법을 가르쳐 주었다고 자랑하고 있다. 그러한 그들의 이야기가 현대적 인식과정에서 과학적 합리성이 없는 것이라고 말한다면, 구약의 내용 속에 담아두고 있는 그러한 기록들 역시도 과연 과학적인 합리성이 있는 것일까? 하고 다시 생각해 보게 해준다.

구약의 내용이나 각 부족들이 간직하고 있는 그러한 이야기들은 20세기 과학문명과는 분명히 동떨어진 이야기다. 하지만 구약의 기록이나 고문서 자료들이나, 각 부족들이 간직하고 있는 그처럼 신화 같은 이야기들이 원시형태 그대로를 보여주고 있기 때문에 오히려 더 진솔하고 어떤 면에서는 더 신빙성이 있다고 보아야 할 것이다.

과거 그처럼 미개했던 원시시대를 거쳐서 나온 현생인류가 그 시대 표현을 그대로 여과 없이 받아들인다면 마치 개구리가 올챙이 때 하늘을 바라보던 이야기를 가지고 그것이 하늘이라고 말하는 것이나 다를 것이 없을 것이다.

태초 우주 종자지도의 만법이 우주라는 한 그루 천체나무를 꾸미고 있음 같이, 천상의 신족들은 땅에 인간 종자 씨를 설계 창조하여 그 뿌리를 세우고 가꾸던 역사시대를 태초의 하나님 섭리에 의해 끝마치고 제 위치로 복귀한 것이라고 할 수 있다. 인간영혼 진화의 본체신 성자의 시대로 그 문이 열렸기 때문이다.

그처럼 천상의 신계족이 일구어 놓은 인간 종자가 본체신 나무의 열매로 익어가게 하는 것은 본체신 진리의 생명수를 뿌리는 것이 그 수순이기 때문에 성자예수께서 그 시대 구별을 하라고 그처럼 거듭 당부하셨음이다.

그러나 아직까지도 그 천도 변화의 시대 구별을 하지 못하고 있는 서구신학 논리에 의해 '여호와 하나님이시여 구원해 주옵소서!' 하고 있는 형태다. 그러한 무지는 어쩌면 문명화되지 못한 아프리카 부족들보다도 어떤 면에서는 더 미개한 의식이 성서학자들이고, 또 그 말을 여과 없이 믿고 머리를 주억거리고 앉아 있는 신도들 역시도 같은 수준급이라고 할 수밖에 없다.

그러한 맹신자들의 실태를 보면서 탄자니아(tanzania)에 치바라(ziba)는 부족의 이야기를 떠올려 보게 해준다. 그들의 주신主神을 루가바라고 부른다. 그들이 말하는 루가바 신은 옛날에 그들이 살아가는 여러 가지 방법을 가르쳐 준 위대한 선생님이었다고 그들은 말한다.

그러나 지금은 아주 먼 곳에 가 있기 때문에 그 이름을 부르거나 그에게 제물을 바쳐도 아무 응답이 없다는 것으로, 그 위대한 신, 루가바가 처음에 암흑의 공간을 지난 후에 지구에 내려와서 그들 인간을 창조했고, 지금은 다시 그 암흑의 공간 뒤에 가서 살고 있다고 말한다는 것이다.

그들이 오히려 오늘 현제 기독신앙을 하고 있는 신도들보다도 천도의 섭리를 바로 알고 있는 실태라고 할 수 있다. 그들의 신이 사라졌다는 '암흑의 공간'을 현대과학이 우주의 암흑성으로 밝힌 것은 불과 수십 년 밖에 되지 않았다.

이렇게 그들이 오늘날 기독교인들보다 오히려 더 진솔하게 신의 존재와 시대변화를 인식하고 있다는 사실이 놀랍지 않을 수가 없다. 그와 비슷한 이야기가 또한 티베트(tibat)의 고문헌에 한 전설처럼 기록되어 있다. 그들과 함께 살던 신이 어느 날 그들을 떠나 하늘로 사라지는 장면의 기록이다.

'옛날 옛날에 '파드마삼바바'라고 불리는 '위대한 선생님' 한 분이 있었다. 그는 미지의 언어로 된 많은 책을 가지고 하늘에서 내려온 후, 티베트 사람들에게 하늘과 신들에 대해서 가르쳐 주었다. 그리고 그는 자기의 책들을 '그것이 이해될 수 있을 때까지' 동굴 속에 숨겨 놓고, 선택된 수제자 바이르카나에게만 그 장소를 가르쳐 주었다. 이 수제자는 자기의 '위대한 선생님'이 승천하는 장면을 이렇게 전하고 있다.

그때 하늘에 구름과 무지개가 나타나서 아주 가깝게 접근해 왔다. 구름 속에 금과 은으로 된 말 한 마리가 있었다. 세상 사람들은 누구나 그가 신을 향해 하늘 공중으로 마주 올라가는 것을 볼 수 있었다. 그 말이 한 엘레 정도 높이로 공중에 떠 있을 때 파드마삼바바는 돌아보면서 '나를 찾으려 하지 말라, 끝없이 시간이 걸릴 테니까'라고 말한 후 그곳을 떠나 버렸다.

사람들이 하늘을 쳐다보니 파드마삼바바는 까마귀만한 크기로 보였다. 그리고 다시 쳐다보니 그는 지빠귀만하게 보였고, 다시 또 한 번 쳐다보니 파리처럼 작아보였다.

그 후에도 그는 다시 보였는데 모습은 선명하지 않았지만, 그 크기는 '이'의 알처럼 작았다. 그후 사람들이 다시 쳐다보았을 때 그는 이제 보이지 않았다. 그후 '나를 찾으려 하지 말라, 끝없이 시간이 걸릴 테니까' 했다. 그후 위대한 선생님의 모습은 다시 볼 수 없게 되었다.

마치 전설 같은 이야기다. 하지만 천도의 변화에 따른 섭리를 사실적으로 기록해 두고 있는 것이 다른 부족들과 다를 것이 없다.

그 내용을 보더라도 각 족속의 뿌리를 설계창조하고 다스려 오던 용신用神들의 시대가 분명히 마감하고 있는 시대적 변화를 나타내주고 있다는 사실이다. 그것은 구약의 내용 속에서 이스라엘의 주신 여호와 역시도 자신의 역사시대가 마감될 것임을 미리 말해 두고 있는 그 기록이다(열왕기상 9장 7~8).

> 내가 이스라엘을 나의 준 땅에서 끊어버릴 것이요, 내 이름을 위하여 내가 거룩하게 구별한 이 전이라도 내 앞에서 던져 버리리니 이스라엘은 모든 민족 가운데 속담거리와 이야깃거리가 될 것이며, 이 전이 높을찌라도 무릇 그리로 지나가는 자가 놀라며 비웃어 가로되, 여호와께서 무슨 까닭으로 이 땅과 이 전에 이같이 하셨는고 하면…

위의 성구에서 이스라엘의 주신 여호와는 분명히 자신의 존재를 드러내주고 있다. 그가 이스라엘 족속을 세우고 열심을 다했던 구약

이스라엘의 역사 기록들이 모든 족속 가운데 속담거리와 이야깃거리가 될 것이라고 분명히 말해 두고 있다는 사실이다.

여기에서 '내 이름을 위하여 내가 거룩하게 구별한 전이라도 내 앞에서 던져버리리니' 하는 그 부분이다. 여호와가 그처럼 열심히 그 이스라엘 백성들을 관리 수호해 왔던 자국自國의 백성과 그 성전까지도 던져버릴 것이라고 한 것은 도대체 무슨 까닭이었을까?

그 부분만이라도 오늘 서구 신학자들이 재검토해 보았다면 그처럼 구약시대의 원시적 신앙관으로 오늘 신도들에게 맹신적인 여호와 유일신 숭배사상의 신앙관을 주입시키지는 않았을 것이다.

그처럼 천도의 섭리변화를 아직도 깨우치지 못한 서구 기독신학이다. 그 논리에 의해서 이 땅에 진정한 하나님의 숨결과 사랑의 메시지를 전하기 위해 십자가 위에서 물과 피를 흘리셨던 성자예수의 신약복음은 하나님의 종복 여호와가 그 일을 마치고 떠난 구약시대 여호와의 행사 모습의 세계관과 하나로 뭉쳐져서 어떤 면에서 비웃음의 속담거리가 되고 있는 것도 사실이다.

구약은 하늘에 정부를 두고 있는 천상의 사람, 그 신계족들이 지구에 내려와 인간 종자를 설계 창조하고 무지한 원시인간들의 이성을 열심히 깨우쳐 가르쳐주던 행사 기록물이다. 그렇기 때문에 그 내용 속에서 많은 신들의 이름이 등장하고 각 족속의 신들이 그 백성들을 앞세우고 능력 대결을 보이는 장면들을 수없이 기록하고 있다.

하지만 성자예수로 그 문이 열린 신약복음서는 성자 출현 이전 4,000년 동안 그들의 창조 수호신으로부터 세상을 살아가는 이치와

도리를 배워 어느 정도는 이성의 분별력이 생성되었을 때였다.

그러한 의식상태의 이스라엘 백성들에게 이제는 그 세상적인 초급한 신앙관을 내려놓고 영원한 하늘나라 생명으로 탈겁시켜 주는 진리의 복된 말씀을 듣고 새 생명으로 거듭남을 입으라는 영혼구원의 새로운 역사시대의 기록물이 신약복음으로 성자예수로 그 문이 열린 고등종교 기독교 세계관이다.

그 시대변화는 동양의 성자, 석가 붓다가 태어난 인도 역시도 그와 같은 시대 분위기였다. 붓다의 설법이 있기 전에 그들이 믿고 섬긴 숭배신의 성호는 '시바'였다. 시바신의 모습은 이스라엘 백성들이나 마찬가지로 환상적인 모습으로 묘사되고 있다.

주신 시바는 5개의 얼굴과 4개의 팔, 그리고 3개의 눈을 가졌다고 묘사되고 있다. 주신 시바는 그의 '제3의 눈'으로 사물을 관찰했고 적을 향해서는 무서운 광선 불을 내쏘아 상대를 격파시켰다고 했다.

그 묘사를 보더라도 시바 신의 행사 역시도 당시에 천상의 문명화된 과학무기를 사용했음을 나타내 준다. 그래서 고대인들은 태양과 '불'을 섬겼으며, 주신 시바가 보여주는 모습 그대로 명상에 잠기는 고행자 '바라문도'들의 사상이 시바의 영향 때문이었음을 짐작해 보게 해준다.

그렇기 때문에 고행자로 궁궐을 나온 석가 붓다 역시도 정각을 이루기 전에 처음에는 그러한 모습으로 6년을 바라문도들과 함께 고행을 하며 한 시기를 보냈다고 했다.

그러나 깨달음의 정각을 이룬 후 그것이 결코 진리에의 바른 길이 아님을 깨닫고 그들이 믿어온 기존의 숭배신을 버리라고 했고, 그로 인해 바라문도들과 마찰을 빚게 됐으며, 기존의 사상을 고집하고 주장하는 바라문도들과 신통력 대결을 수없이 보였다.

그와 같은 행적은 유대 땅에 출현한 성자예수도 마찬가지였다. 어느 한 시기 석가 붓다나 마찬가지로 기존의 율법사들 밑에서 율법을 배우고 그 율법적인 규례행사에 따르기도 했었다. 그러다가 때가 이르러 정각을 이루게 되면서 그들 기존의 숭배신 여호와 율법만을 주장하는 바리새인들과 마찰을 일으키게 된 동기가 기존의 여호와 숭배사상을 버리라는 것 때문이었다. 그래서 그들 앞에서 신통력의 이적과 권능을 수없이 보여주기도 했었던 것이다.

이렇게 본체신 성자들의 진리의 말씀 시대가 동·서양으로 그 문이 열리기 전에는 천상의 사람, '우주아' 신계가 그 엘로힘으로 능력행사를 하던 시대였다.

하지만 천도의 변화로 성자의 시대로 이 땅에 그 문이 열리면서 신약복음서에서는 유대민족의 주신 여호와 신의 행사 모습뿐만 아니라, 그 음성조차도 그 이후 백성들에게 들려주었다는 일체의 기록이 없는 것이다.

그래서 그토록 지엄했던 여호와 신의 능력이 함께 했다는 이스라엘의 보물 '언약궤'는 그 이후 지금까지 유대민족 역사를 말해 주는 전리품으로써만 남아 있어 여호와가 말해둔 그대로 지나가는 사람들의 속담의 이야깃거리가 되고 있음이다.

그런데도 그 시대변화를 아직까지도 깨우치지 못하고 구약시대 여호와 유일신 숭배사상을 그대로 주입시키고 있는 논리가 서구 기독 신학이다. 그렇기 때문에 과거 구약시대 하늘에서 내려왔다는 천상의 사람, 그 우주아들의 유물을 놓고 그것이 마치 충격적인 사건처럼 연구자료를 삼는 등 쇼킹 기사로 다루고 있지만, 사실은 그보다 더 많은 기록의 자료들을 그처럼 구약의 내용 속에 담아 두고 있음을 모르고 있을 뿐이다. 그 이유는 서구신학이 신계의 여호와를 환상적인 영계의 하나님으로 승격을 시켜 설파하고 있기 때문이다.

하지만 오늘 우주의식으로 문명된 지구촌은 과거 원시시대에서 점차적으로 진화 발전하여 서양의 생물학자들이 복제시험관 아이를 만들어 놓고 연구를 거듭하고 있다고 했다.

그 형태는 과거 여호와신이 원시인간을 만들어 놓고 그 의식을 거듭 시험해 보고 있는 상황 전개나 다를 것이 없다. 그만큼 오늘 지구촌은 과거 천상의 사람, 그 우주 지성체들이 지구를 내방하며 그들의 능력행사를 해보였던 상황 전개나 마찬가지로 하늘과 땅을 오르내리는 비행물체로 달나라를 다녀올 정도로 4차원의 우주과학문명 시대를 열어가고 있다.

오늘 지구촌에 과학문명을 앞서 발전시켜 나왔다는 서양이다. 이러한 시대 상황에서 서구신학이 그처럼 이치적으로나 내용상으로도 맞지 않는 성서풀이를 하고 있다는 것은 그 의도가 과연 무지無知에 의한 것인지 다시 재고해 볼 문제로 그 숙제임에 틀림이 없다.

이 세상 모든 악惡은 언제나 선善으로 위장하여 스며든다고 했기 때문이다. 거기에 대해 분별하게 해주고 있는 지혜의 성구를 다시 떠올려 보게 해준다(요한계시록 2장 9절).

> 자칭 유대인이라 하는 자들의 훼방도 아노니 실상은 유대인이 아니요, 사단의 회라.

참으로 통쾌한 계시의 지적이 아닐 수 없다. 사실 서양에서 태동된 서구신학 논리는 이치적으로도 그렇지만 내용상으로도 전혀 일치될 수 없는 원시적인 논리를 펴고 있기 때문이다.

그들이 설파하고 있는 논리가 그처럼 유전인자 피부색소가 엄연히 다른 지구촌 전체 인류를 유대민족 아담의 뿌리 혈통계보에 묶어 엮고 있음과 동시에 예수께서 본질상 하나님이 아니라고 지적하신 신계의 여호와가 율법제사 의식으로 그 백성을 다스리던 구약의 세계관과 성자예수의 가르침으로 그 문이 열린 신약복음의 세계관을 '한 틀' 속에 묶어 진리의 말씀이라고 설파하고 있다.

그 논리가 서양문화권에서 태동된 기독신학 논리다. 하지만 그 논리는 이치적으로도 당위성이 없는 성서풀이로 그리스도 구원의 말씀을 혼미시키고 훼방하는 '사단의 회'임에는 틀림이 없다. 그들의 정체가 '적그리스도'임을 그처럼 계시록에서 분명히 밝혀주고 있다는 사실이다.

오늘 지구촌은 구약시대 여호와 신이 그 백성들에게 가르쳐 온 이분법적인 사상논리에 의해서 아직까지도 맞수대결의 갈등과 분쟁의 전쟁을 종결짓지 못하고 있다. 이처럼 암울한 상황에서 지구촌 평화를 위해서 먼저 추구해야 할 일이 성서적인 시대구별을 바로 정리함과 동시에 그 일곱 성현들께서 이 땅에 출현하시어서 설파하신 가르침이 무엇인가를 바로 알아야 할 때다.

그러기 위해서는 특히 그 성구가 계시해 주고 있는 진리를 훼방하는 그처럼 거짓된 '사단의 회' 그 부분을 주시하고, 그 실체를 세상에 먼저 밝혀내야 할 부분이다. 인간 정신사상이란 그 어떤 무기보다도 강력한 힘을 발휘한다고 했기 때문이다.

예수께서는 말세에 선후천이 바뀌는 천지개벽의 징후가 있게 될 것이라고 분명히 말씀하셨다. 오늘 지구촌은 그 예언의 말씀대로 지구 도처에서 그 징조를 나타내 보이며 거기에 대비하라는 경보울림을 주고 있다.

이처럼 시급한 상황에서 막연하게 천당 지옥만을 배워온 종교인들과는 달리 초비상으로 긴장하고 있다는 세계 과학자들이다. 그 경고는 빙하가 현재의 추세대로 녹아 해수면이 상승하면 산호초 섬뿐만 아니라, 중국 상하이, 아르헨티나 부에노스아이레스 같은 도시 역시도 그 일부가 물에 침수될 가능성이 높아지고 있음을 서류로 보고 제시했었다.

이제 지구는 성현들께서 선후천이 바뀌게 될 것이라고 예언하신 지구 종말론적인 온난화 현상으로, 지구재앙은 '일어날 수 있는 상황'을 예고하는 수준을 넘어 이미 진행되고 있음을 분명히 시사해 주면서 기후변화 재앙에 대비할 시간이 많지 않다는 것을 강력한 메시지로 전해 주고 있다.

그와 같은 세계 과학자들의 보고서에 의한 예상은 지구상에서 인간과 더불어 살고 있는 동물과 식물 가운데 상당수는 멸종하고 교과서에서나 볼 수 있는 공룡처럼 사진으로만 남게 될 것이 금세기 말의 상황일 것이라고 경고하고 있다. 그러한 상황은 모든 종교에서 말해온 지구 종말론으로 눈앞에 천지개벽의 시간이 도래하고 있음을 이제 과학적으로 입증해 주고 있는 현실이다.

그와 같은 오늘 과학자들의 보고서에 그린피스 관계자는 이전의 보고서가 잠을 깨우는 전화였다면, 새 보고서는 절규하는 사이렌이라고 표명했다.

이처럼 지구재앙의 경종이 울리고 있는 사이렌 소리와 함께 지구촌은 종교전쟁에서 비롯된 테러와의 전쟁으로 더욱 암울해져 있다. 그것은 특히 여호와 유일시론을 주장하는 서양문화권이 만들어낸 종교적 망상에서 비롯된 것으로, 지구의 나이를 현대과학과는 맞지 않는 유대민족의 뿌리역사 6,000의 시간대에 맞추고 있는 신학자들의 성서해석 논리가 오히려 종교의 월권을 조장하고 있다는 비난을 학계로부터 받기에 이르렀다.

지금까지 서구 신학자들의 성서해석은 우주시원의 창조론에서도 과학자들이 내놓는 지구생성의 시간대와는 거리가 먼 것이 사실이며, 거기에 따르는 성서 해석의 오류는 무수히 많다.

하지만 기독교 스승 성자예수께서 설파하신 진리의 말씀은 만고불변으로 오직 태초의 근원이신 천지창조 성부하나님의 섭리의 뜻을 지향하고 가르쳐 주신 말씀이다.

그처럼 천지창조의 섭리와 이치를 깨우쳐 주기 위해 구약시대 유대 땅에 출현하신 성자예수께서 하신 말씀이 '이 세대가 다 지나기 전에 하나님의 뜻이 이 땅에서 이루어지리라' 하신 것이다.

그 말씀의 뜻이 일곱 성현들께서 동일하게 설파하신 평화의 지상낙원세계로 천지창조 하나님의 완성을 목적으로 한 복귀섭리 역사가 무엇인가를 전해 주고자 하심이다. 그 복귀섭리 역사의 뜻을 오늘 우리가 바로 이해하기 위해서는 지구촌 인류가 그 시대 구별부터 먼저 하고, 과거와 같은 세상 물질지향적인 기복신앙 믿음의 형태에서 깨어나야만 할 때다.

그래야만이 예수께서 말씀하신 여호와 초등학문의 율법신앙에서 벗어나 말세에 있을 지구 대이변의 재앙에 대비할 영성적인 믿음과 지혜를 얻어낼 수 있게 될 것이다.

그리스도 인류구원의 말씀이 성서 신약복음서 안에 태초의 빛으로 광명光明하신 영계靈界의 성부聖父하나님, 그 사랑의 복귀섭리 역사라는 것이 죽을 수밖에 없는 사망의 자식들에게 약속의 소망으로 안겨주고 있기 때문이다.

밤하늘 북두칠성의 비밀

시대와 나라를 달리하고 동서東西로 출현하셨던 세계 7대 성현의 상징이 칠성七星이며, 그 존체가 태초의 조화주 하나님 사랑의 '얼'로 세상에 보내심을 입은 하나님의 '일곱 영'이라고 〈요한계시록 5장 6절〉에 분명히 밝혀주고 있다.

그런데 놀랍게도 하늘의 천문도天文道를 일찍이 조상뿌리 시원에서부터 배워왔다는 우리 배달한민족 조상들이 말해온 그 '칠성님'의 존체라는 사실이다.

그 상징성이 어두운 밤하늘 길 잃은 나그네의 이정표가 되어주고 있다는 북두칠성北斗七星으로, 그러한 우리 조상들의 믿음은 그 실체를 생명의 근원 자리로 믿고 동네 어구에 칠성각七星閣을 세워놓고 좋은 자손을 점지해 달라고 칠성님께 빌어 왔었다는 그 풍습이 토속 민간신앙으로 '한얼 님' 사상이었다고 한다.

그와 같은 대도의 섭리를 일찍부터 깨우친 우리 한민족 조상들이다. 그러한 근원적 믿음이 자손이 태어났을 때 칠성님께서 점지해 주신 귀한 축복의 선물이라고 하여 세계 속에 유일하게 일곱색 색동저고리를 만들어 입혔다는 유래가 바로 그 '한얼님' 사상에서 비롯되었다는 것이다.

그처럼 우리 조상들이 한얼님으로 믿어온 칠성님이 바로 그 7대 성현들로 하나님의 종복從僕 천상의 신계가 지구에 내려와서 인간 종자 씨를 뿌리고 열심히 가꾸던 텃밭에 그 시대적인 때를 맞추어 각자 독자 인격신으로 출현하시어 하늘의 섭리 그 천문도天文道의 이치를 단계적 수순으로 가르쳐 주고 가신 스승님들이다.

성자 출현 이전의 시대는 물체인간을 창조했다는 이름을 가진 천상의 신들이 지구에 내려와 각기 구획적인 동산 텃밭에 '종자 씨'를 뿌리고 가꾸던 시대다. 그로부터 점차적으로 그 족속의 집단을 이루고 기본적인 인간의 도리를 권선징악勸善懲惡으로 깨우쳐 의식을 진화 발전시키고 있었던 시대가 원시시대로부터 구석기, 신석기, 청동기시대로, 그 시대변화 역사를 구약의 내용 속에 담아두고 있다.

그 실례가 과거 원시시대 유대민족의 뿌리조상 아담과 이브에게 분별력을 깨우쳐 주고자 세워졌던 여호와의 계율戒律로 처음 시작은 하나에서 비롯된다. 그것이 옳고 그름의 분별력이 없었다는 원시인간 그 무지無知를 깨우쳐 주기 위한 여호와의 지혜의 방편 법으로 '동산 중앙에 있는 그 선악과만은 너희가 먹지 말라! 먹는 날에는 너희가 정녕 죽으리라' 바로 그 선포였다.

그렇게 하나로부터 시작된 계율이 원시인간 아담과 이브가 지켜야 할 그들 창조신 여호와의 지상명령이었다. 하지만 그들은 보암직하고 먹음직했다는 육신 본능적인 식욕을 다스리지 못하고 그 의식을 시험해 보기 위해 보내진 천사 루시엘의 유혹에 넘어가 그 계율을 어기고 말았다.

그 시험은 어디까지나 여호와의 계획된 시나리오이었음이다. 오늘 서구 신학자들의 논리대로 여호와가 천지만물을 창조하신 태초의 성부하나님 그 능력이라면 그처럼 천지 분별을 못했다는 원시인간을 만들어 놓지도 않았겠지만, 또 천사 루시엘이 나타나 그들을 유혹하여 시험해 보도록 그냥 보고 있었다는 그 자체부터가 논리적으로나 이치적으로 맞지 않는 논리해석이다.

기독교 스승 예수께서 지칭하신 하나님은 분명히 그 마음까지를 헤아려 보실 뿐 아니라, 장차 될 일까지도 미리 아시는 분이라고 하셨기 때문이다.

'창세기 1장 2장'을 나누어 분석해 볼 때 여호와는 태초 전지전능하신 천지부모 하나님 그 능력의 말씀(Logos)으로 창조된 천상의 사람, 그 신계족으로 주인의 뜻을 받들어 지구에 내려와서 그처럼 물체적인 원시인간을 만들어 놓고 그 의식을 거듭 연속적으로 시험해 보고 있음을 '창세기 2장'에서부터 기록해 두고 있다.

그렇기 때문에 그처럼 선善과 악惡을 분별시키기 위한 경계의 푯대로 세워 놓은 계율戒律이 그 과실만큼은 먹지 말라는 것이었다. 하지만 그 계율을 어기고 말았던 그들의 무지無知가 유죄有罪로 유대민족 조상 뿌리에서 죄인으로 굴레 씌워졌다는 바로 그 원죄原罪 문제다. 그로부터 그 자손들이 번성되어지면서 처음 하나로부터 시작된 계율의 명령은 점차적으로 십계명 율법으로 늘어났다.

그 계율이 동물과는 구별되는 인간 육신의 도리道理를 깨우치기 위해 세워놓은 여호와의 방편법으로 그 계율을 어겼을 때 거기에 대한 응징의 벌로 다스렸으며, 그 속죄의식으로 양을 잡아 그 제물로 갖다 바쳐 올려야만 했던 것이 그 율법제사 의식이었다.

그것이 무지無知한 원시인간들의 의식을 깨우쳐 주기 위한 여호와 신의 지혜의 방편법으로 옳고 그름을 분별할 줄 아는 지각이 있는 사람을 만들고 했었음이다.

하지만 그 분별력의 지각은 쉽게 열리지 않았던 것으로, 여호와가 이스라엘 백성들을 율법으로 다스리던 시대는 그 주변 이방민족들 역시나 마찬가지 형태로 무지했었음을 신약성서는 다음과 같이 기록하고 있다(로마서 3장 9~18).

유대인이나 헬라인이나 다 죄 아래 있다고 우리가 이미 선언하였느니라, 기록한 바, 의인은 없나니 하나도 없으며 깨닫는 자도 없고, 하나님을 찾는 자도 없고, 다 치우쳐 한 가지로 무익하게 되고, 선을 행하는 자는 하나도 없도다. 저희 목구멍은 열린 무덤이요, 그 혀로는 속임을 베풀며, 그 입술에는 독이 있고, 그 입에는 저주와 악독이 가득하고 그 발은 피 흘리는데 빠른지라 파멸과 고생이 그 길에 있어 평강의 길을 알지 못하였고, 저희 눈앞에 하나님을 두려워함이 없느니라, 함과 같으니라.

그 성구를 통해서 보더라도 오늘 서구 신학자들이 지구촌 모든 족속을 유대민족 한 혈통계보에 예속시키는 논리와는 달리 분명히 그 이스라엘 백성들 이외의 이방족속들이 그 시대에는 다 같이 무지했었음을 분명히 시사해 주고 있다. 그 성구에서 그들의 무지가 피 흘리는데 빨랐다는 증거 기록이 특히 아담과 이브의 두 아들 가인과 아벨의 행사에서부터 보여 주고 있다.

아담이 먼저 낳은 아들 가인은 농사를 지었고, 동생 아벨은 들에서 양을 치는 목동이었다. 그래서 가인은 율법의 규례대로 땅의 첫 소산을 여호와께 제물로 바쳐 올렸고, 동생 아벨은 양의 첫 새끼와 그 기름을 제물로 바쳐 올렸다.

그런데 문제의 사건은 여호와가 동생 아벨의 제물은 열랍했지만, 형 가인의 제물은 열납하지를 않았다. 이에 심히 분노한 형 가인은 동생을 질투하고 들에 나가 있을 때에 아벨을 쳐서 죽이고 말았다. 그만큼 분별력이 없었던 원시인간 의식은 형제간의 우애마저도 없었다는 이야기가 된다.

하지만 그 기록에서 보여주는 것은 두 형제에게 제물을 바쳐 올리게 하고 어느 한 편만 편애했다는 여호와의 의도가 바로 그 문제의 사건을 일으키게 했었던 동기부여를 해주었다는 데에 있다. 그 모습은 아담과 이브에게 선악을 분별시켜 주기 위해 그 선악과 열매로 경계의 푯대를 세워놓고, 결국 그 불순종에 에덴동산에서 쫓아내는 형벌로 그들의 의식을 진화시키려고 했었음이나 마찬가지다.

그 행사 모습을 엄밀히 분석하면 그 모두가 여호와의 원시인간 진화계획에 의한 시나리오로 오늘 서구 신학자들이 설파하는 대우주적인 사랑의 성부하나님, 그 능력의 위상과 모습에는 도저히 일치될 수가 없다.

그처럼 시대 구별을 하지 못하는 서구 신학자들의 성서풀이 모순은 그뿐만이 아니다. 그 논리가 지구촌 오색인종을 그 유대족속의 한 혈통계보에 예속시켜 설파하고 있다는 것이 그 문제점이다. 하지만 성서는 그 당시 이스라엘 족속 이외의 이방민족이 그때 벌써 지구상에 함께 존재하고 있었음을 그 사건 이후 가인이 벌을 받고 쫓겨나는 장면의 기록에서도 분명하게 밝혀주고 있다(창세기 2장 12~18).

"네가 밭 갈아도 다시는 그 효력을 네게 주지 아니할 것이요, 너는 땅에서 피하여 유리하는 자가 되리라."

이에 가인이 여호와께 고한다.

"내 죄벌이 너무 중하여 견딜 수 없나이다. 오늘 이 지면에서 나를 쫓아내시온 즉 내가 주의 잦을 피하여 뵈옵지 못하리니 내가 당에서 피하여 유리하는 자가 될찌라, 무릇 나를 만나는 자가 나를 죽이겠나이다."

그 기록에서 '무릇 나를 만나는 자'다. 그렇다면 그때 이미 다른 족속들이 존재하고 있었다는 이야기다. 그 다음 대화에서 더욱 그 입증을 주고 있다.

이에 여호와가 가인에게 하는 말이다.

"그렇지 않다, 가인을 죽이는 자는 벌을 받으리라."

그리고 가인에게 표를 주어 만나는 누구에게든지 죽임을 면케 하는 증표를 주었다는 것이며, 가인이 여호와의 앞을 떠나서 에덴 동편 놋 땅에 거하였더니 아내(여자)와 동침하여 그가 잉태하여 에녹을 낳은지라 가인이 성을 쌓고 그 아들의 이름으로 성을 이름하여 에녹이라고 했다는 기록이다.

그 성구를 보더라도 아담과 이브, 그 동시대에 이방의 족속들이 그 주변에 함께 존재하고 있었음을 분명히 나타내 주고 있다. 그 이후 다음으로 아담의 혈통계보 자손 '셋'을 낳았다는 성구를 통해서 보더라도 당시에는 그 혈족이 다른 이방민족과의 혼혈이 되고 있었기 때문에 신들이 의기투합하여 '자! 우리가 내려가서 언어를 흩쳐 놓자'고 했었던 사건이 바로 그 바벨탑 사건이다.

그러한 구약의 내용은 그 시대 분위기 상황을 사실적으로 밝혀주고 있다. 그럼에도 불구하고 오늘까지도 그 서구신학 논리가 그처럼 모든 족속의 혈통뿌리를 아담의 혈통계보에 묶어서 설파한다는 것은 그만큼 진리를 오도시키고 있는 증거임에 틀림이 없다.

사실상 동서를 막론하고 그와 같이 실재적으로 신과 인간이 함께 대화를 나누면서 어우러지던 신인합발神人合發의 시대가 있었음을 구약뿐만이 아니라 동서민족의 뿌리역사에서도 기록하고 있다.

거기에는 이름을 가진 자연신들이 저마다의 사명을 가지고 지구에 내려와 권선징악勸善懲惡으로 원시인간의 의식진화를 위해 다스리며 가르쳐 왔음을 모두 담아 두고 있는 내용들이다.

그러한 자연신들의 행사는 아직 이성이 채 눈떠 있지 못한 원시인간들에게 있어서는 절대자 천주天主 하나님의 능력처럼 보여질 수밖에 없었던 시대로 그 실재적인 상황을 유대민족의 뿌리역사 구약의 내용 속에 그대로 진술하게 담아 두고 있다는 사실이다.

그러한 시대 분위기 속에서 일곱 성현들의 출현은 차례대로 자연의 이치를 깨닫게 하는 성현들과 또 천지만물의 시대변화의 섭리역사를 가르쳐 주기 위한 고등법계의 스승들 모두가 독자 인격신으로 그 사명을 가지고 세상에 출현하시었음이다. 그 일곱 성현들의 존체를 성경은 분명하게 거듭 밝혀 두고 있다(요한계시록 4장 4~6).

> 일곱 뿔과 일곱 눈이 있으니 이 눈은 온 땅에 보내심을 입은 하나님의 일곱 영이더라.

위의 성구에서 하나님은 그 '일곱 영'을 이 땅에 보내셨다고 했다. 그 일곱 성령체가 세상에 인자人子로 출현하시어 변하지 않는 진리의 말씀으로 불을 밝히신 세계 7대 성현들의 입지였음을 그처럼 분명하게 밝혀 주고 있다. 그것이 세상이 알지 못한 하나님 섭리의 비밀이라고 다시 또 밝혀주고 있는 다음 계시의 내용 기록이다(요한계시록 19장 20).

> 그러므로 네 본 것과, 이제 있는 일과 장차 될 일을 기록하라, 네 본 것은 내 오른 손에 일곱 별의 비밀과 일곱 금 촛대라.

바로 그것이다. 성경은 계시록뿐만이 아니라, 그 '일곱 영'의 존재 근원을 〈창세기 1장〉에서도 밝혀주고 있다. 그 실체 근원이 태초의 조화주 음양陰陽 천지부모 이성異性 만남의 첫 교합에서 토하는 황홀

한 기쁨의 소리로 하나님의 형태 없는 힘 '이데아'라는 것이며, 곧 '빛이 있으라!' 했다는 하나님의 말씀(Logos)이 바로 그 천악성天樂聲임을 나타내 주고 있다.

그러한 음양 천지부모 하나님 사랑의 '얼'이 바로 그 태초의 빛으로 빨·주·노·초·파·남·보라 일곱 색이다. 그 빨간 색을 동양역東洋易으로 풀었을 때 2, 7 화火 불기운으로 남방병정적색주작南方丙丁赤色朱雀이다. 그 기氣가 바로 화생火生하는 발양성發陽性으로 양전자파 에너지다.

그러한 이치에서 그 으뜸으로 붉은색이 광명하신 영적靈的 성부하나님의 도맥道脈으로 이 땅에 출현하신 성자예수를 성서는 하나님의 '머리'라고 묘사하고 있으며, 그 실재적인 양전자파 에너지 기운을 생체부활로서 입증해 보이셨음이다.

그 이치가 바로 태초에 우주만물을 형상화시키셨다는 건곤乾坤 천지부모 하나님 그 음양陰陽 대별적인 이성관계로, 성부와 성모님을 배달민족 조상들이 하늘에는 조화주 하나님이 계시고, 그 분자적인 아들이 '칠성님'이라고 말해 왔었던 바로 그 성자의 입지로 예수께서 '나는 영이니' 하셨음이다.

그와 같은 태초의 하나님 존재근원이 음양 상대성 이성으로 천지부모 우주 영혼靈魂 결합 장면을 〈창세기 1장〉에서는 '혼몽한 가운데 하나님의 신이 수면水面을 운행하심으로…' 그 행사력을 보여주고 있다. 그러나 그 이전에 묘사되고 있는 '혼몽'은 분열 팽창되는 성부하나님의 양전자파 에너지가 '수면'으로 묘사되고 있는 음전자파 성모님을 향해 아직 운행하시기 이전의 상태로 땅이 혼돈하고 공허하며 흑암이 깊음 위에 있었다는 묘사다.

그것은 태초의 광활한 우주공간에는 물질의 본질인 수소 가스가 수십억 광년쯤 흐르면서 쌓여 공기운의 무색으로 무극無極의 상태이었음을 나타내 주고 있는 그 묘사 기록이다.

그리고 그 뒤를 이어서 등장하는 하나님의 '신'은 혼몽한 무색의 공간 속에서 밝고 따뜻한 양전자파 에너지가 충만하게 팽창된 성부 하나님의 상징성이다. 그리고 다음으로 이어지는 수면水面은 수소 본질의 원자량으로, 음전자파 고유의 질량을 갖고 있는 소립자가 포만된 상태의 성모 하나님을 묘사해 주고 있음이다.

그 상대성 원리가 오늘 지구촌 현대과학에서 밝혀낸 쌍립적 양자역학으로 음전자파 소립자는 수소를 구성하고 있는 원소물질로 일정기간 잠복하게 되면 빛이나 전자파 등의 에너지로 변형은 있어도 그 에너지 자체는 소멸되지 않는다는 논리다.

그 우주 원소가 영원불멸하다는 태초의 성모 하나님 그 생명의 본질임을 〈창세기 1장〉에서 그처럼 묘사하고 있음이다. 현대과학에서 그 수소의 원자량이 물질을 만들어 내는 능력의 힘이라는 것이며, 수면으로 응집된 원자량 전자파를 끌어낼 수 있는 것은 양적 에너지 기운에 의해서만이 가능하다는 것으로, 그 논리가 양자역학 상대성 원리다.

그 형태가 태초의 천지부모 우주영혼 결합으로 개별적인 상대성 음양 이성이 아름답게 조화를 이룬 상태로 한민족 우리 조상들이 뿌리시원에서부터 배워왔었던 바로 그 태극太極의 원리였음이다.

그처럼 음양陰陽 대별적인 두 양극이 태초 천지만물을 형상화시킨 우주 본자연 근원의 원기元氣로 음전자파 성모님의 혼魂은 운행의 기氣며, 양전자파 성부하나님의 기는 완성을 목적으로 하는 대도大道로서 균형과 조화를 이룬 이 상태가 태초의 조화주이신 천지부모 하나님 존재 근원의 모습이다.

이렇게 태초 천지부모 하나님의 우주영혼이 한 몸체로 조화를 이루시어 그 원하시는 뜻 가운데 천지만물이 차례로 생성되어졌음을 〈창세기 1장〉에서 그 단계적 창조의 수순을 여섯째 날까지 마치시고 '쉼'으로 들어가셨다고 그 의미를 부여해 주고 있다는 사실이다.

그와 같은 형태의 태초 천지부모 근원적인 모습이 현대과학의 아버지로 불리우고 있는 아인슈타인의 쌍립적 상대성 양자역학으로 밝혀 볼 수 있게 해주고 있다. 그 논리에서 물질의 크기와 위치에 따라서 끊임없는 변화가 일어난다는 것을 강조해 오고 있다. 그 이치가 기독교 〈창세기 1장〉 기록과 맞물리는 오늘 서양과학의 현주소다.

거기에서 상생의 두 양극현상이 염열炎熱 승발承發 분산分産 팽창膨脹되는 에너지 기운이 양전자파며, 반면에 시간이 흐를수록 안으로 응고 수축되는 수기水氣의 소립자가 한냉寒冷, 침강沈降, 응결凝結되는 에너지 기운이 음전자파라는 것이다.

그 음양 상대성 전자파는 서로가 끌어당기는 성질로 마찰을 일으켰을 때 그처럼 파토스적인 요란한 굉음과 함께 물질을 만들어 내는 원소의 빛이 튕겨져 나온다는 논리가 바로 현대과학에서 밝힌 그 빅뱅론이다.

그러한 과학적 상생원리가 우주의 본질로 음양 일월日月의 에너지 기운을 나타내 주고 있는 자연의 이치가 또한 한낮의 태양 기운을 어두운 밤에 뜨는 달이 그 기운을 적당히 한냉寒冷 식혀서 만물을 소생시킨다는 그 역할의 형태 모습 그대로인 것이다. 그 이치로 태초의 '창세론'을 비추었을 때 거기에서 묘사되고 있는 수면水面은 안으로 응고 수축된 생명의 수기로 음전자파가 포만되어 있는 물질 모태의 성모하나님, 그 본질의 형태를 나타내 주고 있음이다.

그와 같은 음양 천지부모 태초의 존재근원 모습에서 분열 팽창되는 성부하나님의 양전자파 에너지가 안으로 응고 수축된 성모하나님 그 수면을 향해 분열 팽창되고 있음을 성구는 '하나님의 신이 수면을 운행하심으로' 그렇게 묘사해 두고 있다.

거기에서 묘사되는 '운행하심'이 바로 대별적인 음양 천지부모 두 기운이 결합하여 조화를 이루기 위한 애정의 랑데부임을 나타내 주고 있음이다.

그렇게 음양 상생의 양극 전자파가 교합하므로 마찰을 일으켰을 때 튕겨져 나온 빛이 일곱 색으로 태초의 음양 천지부모 하나님께서 이성異性 조화를 이룬 그 사랑의 '얼'이 분자적인 중성자파로 그 칠색의 빛이며, 성자聖子의 입지임을 나타내 주고 있는 것이다.

그러한 관계성에서 〈창세기 1장〉은 '그 빛이 하나님 보시기에 좋았더라'는 묘사를 하고 있다. 그 빛의 실체가 〈요한계시록〉에서 밝혀주고 있는 '하나님의 일곱 영'으로, 우리 조상들이 믿어 온 '한얼님'이며, 그 칠성님의 입지다.

그 원리가 태초의 천지부모 하나님 그 영계靈界의 가족 구성원으로, 그 일곱색 빛이 태초에 우주만물을 형상화시킨 하나님 능력의 원소임을 세례요한의 증거에서 보다 분명히 해주고 있다.

> 그가 태초에 하나님과 함께 계셨고, 만물이 그로 말미암아 지은바 되었으니 지은 것이 하나도 그가 없이는 된 것이 없느니라.

그러한 세례 요한의 증거가 바로 현대과학의 빅뱅론과 맞물리는 이치다. 그처럼 태초의 근원자리에서 이 땅에 출현하신 7대 성현들이었고, 또한 성부하나님의 영적머리 도맥道脈으로, 이 땅에 출현하신 성자예수께서 하신 말씀이 '나를 본 것이 하나님을 본 것이니라' 하시고 또 '나는 길이요 진리요, 생명이니라' 하셨던 것으로 그 빛이 자신의 실체임을 그처럼 분명하게 밝혀 주셨다.

그 빛이 바로 태초에 우주만물을 단계적으로 창조하시고 그 여섯째 되는 날 '우리가 우리의 형상을 따라 사람을 만들자' 하셨던 그 복수형卜數形의 일곱 성령체로, 그 빛의 말씀에 의해서 만들어진 이때의 '사람'에게 주어진 축복의 말씀이 번성하여 그 지으신 모든 것을 '너희가 다스려라.' 그리고 이어서 하신 말씀이 '땅을 정복하라!' 하셨던 것으로 창조와 동시에 그 공중권세를 부여해 주셨음이 〈창세기 1장〉의 기록이다.

그들이 바로 천상에서 번성된 신계족으로, 각기 그 맡은바 소임을 맡고 지구에 내려와 인간 '종자 씨'를 뿌리고 열심히 가꾸던 우주 지성체들로 그들이 하늘을 오르내리며 역사하던 시대가 유대민족의 뿌리역사로 구약의 내용이다.

그렇게 공중권세를 부여받고 창조된 천상의 사람, 그 신과神果들이 예수께서 본질상 하나님이 아니라고 지적하신 성부하나님 종복從僕의 신분으로, 그들의 물체인간 창조는 그처럼 옳고 그름을 분별하지 못했다는 원시인간으로 당연히 영혼성이 없을 수밖에 없었던 것이다.

그러한 여호와 신의 행사가 열심히 그 텃밭 '종자 씨'들에게 인간육신의 도리道理를 알게 하는 그 율법律法 십계명十誡命을 세워놓고 가꾸어 나오던 그 4천년 만에 유대 땅에 구원의 메시아로 출현하신 성자예수이시다.

그 말씀이 영혼생명이 없는 사망의 자식들을 불쌍히 여기신 하나님께서 때가 이르러 태초 빛의 아들을 그 땅에 보내시어 새롭게 거듭나게 해주겠다는 말씀이 하나님 숨결의 사랑으로 재창조의 섭리역사이였던 것이다.

그런 뜻에서 예수께서 하신 말씀이 '와서 듣고 믿는 자는 영생을 얻으리라' 하셨던 것으로, 그 말씀이 곧 인류를 구원해 주시겠다는 성부하나님 약속의 선물로 성경 신약복음 속에 담아 두고 있는 전체적인 내용이다.

성자예수로 그 문이 열린 신약복음이 하늘나라 기쁜 소식으로 태초의 하나님 그 완성을 이루기 위한 복귀섭리 역사다. 그런 뜻에서 예수께서는 죽을 수밖에 없는 사망의 자식들을 영혼생명의 길로 인도하기 위해 출현하셨다고 자신이 맡고 온 사명을 신약성서 속에 분명이 밝히셨다.

그러한 하나님의 섭리역사에 의해 성부하나님의 우주정신 사랑의 도맥으로 이 세상에 출현하신 성자예수는 하나님 성령이 임재하심이나 마찬가지였다. 그렇기 때문에 태초의 하나님 그 능력의 빛으로 동정녀 마리아의 몸을 빌려 성령으로 잉태하시고, 또한 그 실제적인 능력을 장사한 지 사흘 만에 무덤에서 부활하여 활달자재豁達自在하는 생체부활로 그 빛의 절대능력을 세상에 그 표징으로 나타내 보여 주셨던 기독교 스승 성자예수였다.

그처럼 놀라운 태초의 하나님 그 능력의 섭리역사를 이 땅에 나타내 보이시기 위해 만세 전부터 운명적으로 예정되어 있었다는 그 십자가를 짊어지시고 성체에 물과 피를 쏟으셨던 것이며, 그처럼 사망의 권세를 깨트리는 부활의 생명을 실제적으로 확증시켜 주시고, 그 믿음을 구원의 소망으로 삼으라고 하셨던 것이다.

그래서 예수께서는 생전에 제자들을 가르치실 때에 '너희 믿음대로 이루어지리라' 하셨던 것이며, 또한 그 능력과 하나님의 사랑을 믿게 하기 위해 죽은 나사로를 살려내는 기적을 보이셨고, 또 물 위를 걷는 기적과 함께 앉은뱅이를 일으켜 걷게 하셨을 뿐만 아니라, 눈먼 소경의 눈을 뜨게 하시는 등 여러 가지 기적을 세상에 나타내 보이셨다.

그리고 마침내는 인류구원을 위해 그 고통의 십자가를 짊어져야 하는 것이 자신의 운명임을 말씀하셨던 것으로 '한 알의 밀알이 땅에 떨어져 썩으면 많은 열매를 맺게 되느니라' 하신 그 말씀과 함께 '믿는 자는 영생을 얻으리라' 하신 그 구원의 약속을 분명히 선포하시었다. 그러한 인류구원의 말씀이 태초의 하나님 그 사랑의 약속으로 성자예수 고난의 십자가를 상징으로, 이 땅에 세워진 기독교 세계관이다. 그리스도 영혼생명의 말씀을 제자들에게 족속을 초월하여 전파하라고 당부하셨기 때문이다.

그렇게 인류구원을 위해 희생의 제물이 되어야 했던 성자예수께서 생전에 하신 말씀이 '나를 통하지 않고는 결단코 천국에 들어갈 자가 없느니라' 하시었던 것이며, 그 말씀의 뜻이 바로 성부하나님께서 보내신 우주정신, 그 사랑을 온전히 이루어 흠이 없는 완성체가 되어야 한다는 가르치심이었다.

그러한 하나님의 우주정신, 그 사랑을 나타내 보이기 위해 운명적으로 희생의 산제물이 되어야 했던 성자예수께서 십자가 위에서 성체에 물과 피를 흘리시며, '아버지여 저들이 몰라서 그런 것이오니 용서하시옵소서!' 바로 그 말씀이다. 그처럼 원수까지도 사랑해야 한다는 것이 하늘나라 대도大道의 천법天法으로, 성자예수 십자가를 상징으로 세워진 기독교 세계관이다.

그 가르치심은 구약시대 여호와의 이분법적인 가르침과는 그 세계관이 전혀 다른 것으로, 예수께서는 그 불완전한 여호와 율법을 이제는 폐하라고 하시었다.

그 말씀이 구약시대 종교혁명의 불씨로 화근이 되어 그처럼 고난의 십자가를 짊어지시고 성체에 물과 피를 흘리셔야 했었던 것으로, 그 고난이 만세 전부터 성자예수의 운명으로 예정되어 있었다는 성서 기록이다.

성서로 본 두 금촛대의 비밀

시대 변화의 종교혁명은 유대 땅에 성자예수 출현 그 500년 전, 인도 땅에 출현하셨던 석가모니 붓다의 가르침 역시도 기존의 사상가들과 마찰을 일으켰었던 그 불씨였다.

그 가르치심은 물질을 형상화시킨 성모聖母하나님의 혼적魂的 도맥으로 인간 생사윤회生死輪廻의 이치적인 법문으로 이 세상에 탯줄을 감고 태어난 인간 육신의 실상과 그 인연법을 깨닫게 해주시는 말씀이었다.

성모님의 그 혼魂 도맥을 동양역東洋易으로 풀어보게 되면, 4, 9 금金으로 서방경신백제백호西方庚申白帝白虎, 신축성으로 생명의 탄생이다. 그러한 이치에서 붓다께서는 인간 생사生死에 관한 윤회사상을 가르쳐 주셨던 것이며, 안으로 응고 수축되는 음적陰的인 물질개념의 이치를 자신의 몸체 속에 있는 눈부신 생기의 사리舍利로써 그 증표를 남겨 주시고 회귀하셨다. 그 섭리가 불가佛家에서 말하는 완성의 경지로 성불成佛이며 열반涅槃이다.

그러한 음양대별적인 두 도맥이 태초 조화주 하나님의 우주정신 영혼靈魂으로, 각자 독자 신격으로 이 세상에 출현하시어 그 이치를 설파하시고, 또 그 실체적인 상징성을 그처럼 나타내 보여 주시고 본 체자리로 복귀復歸하신 고등종교 스승들이다.

그와 같이 태초의 우주영혼 음양陰陽 대별적인 두 도맥으로 이 땅에 출현하셨던 고등종교 스승들의 입지를 〈요한계시록 11장 3~7〉에서 다음과 같이 증거해 주고 있다.

내가 나의 두 증인에게 권세를 주리니 저희가 굵은 베 옷을 입고 일천 백육십 일을 예언하리라. 이는 이 땅의 주 앞에 섰는 두 감람나무와 두 촛대니 만일 누구든지 저희를 해하고자 한 즉 그 입에서 불이 나서 그 원수를 소멸할찌니 누구든지 해하려 하면 반드시 이와 같이 죽임을 당하리라.

계시록은 그처럼 천지부모 우주영혼 그 음양 두 맥의 스승을 두 감람나무와 두 촛대로 비유해 두고 있다. 여기에서 감람나무는 크고 우람하여 많은 새들이 날아와 깃들고 쉼을 얻게 하는 나무로 음양 두 도맥의 고등종교 스승을 나타내 주는 그 상징성의 비유다.

그러한 음양 대별적인 두 촛대의 상징성을 그 출생 환경에서부터 나타내 보여주셨음이다. 이 세상에 물질적인 풍요를 더는 바랄 것이 없는 음적陰的 성모님의 혼魂 도맥으로 출현하신 석가 붓다였다. 그러나 그와는 달리 이 세상에 가진 것이라고는 아무것도 없는 허허한 공으로 그처럼 비천한 환경 분위기 속에서 양적陽的 성부하나님의 영靈 도맥으로 출현하신 성자예수였다.

그와 같이 대우주적인 섭리에 의해서 이 세상에 출현하셨던 고등종교 스승예수와 석가는 성자 출현 이전에 지엽적인 자연신들을 받들어 섬기던 그 백성들과 기존의 율법사들에게 이제는 하늘나라 대도의 천법天法을 배우라고 설파하시다가 기존의 사상가들과 수없이 마찰을 일으키고 쫓기면서 박해를 받아왔었던 것이다.

그 가르치심이 동일同一하게 근본을 관통하는 하늘나라 대법으로 그 진리의 말씀을 듣고 영혼생명의 실상을 깨닫는 자는 세상 지향적인 고통의 몸부림에서 벗어나 오직 그 나라와 그 의義를 구하는 믿음과 소망으로 슬픔과 애통뿐인 이 세상에서 마음에 위로를 받으며 수행정진을 하게 된다는 것이다.

그러한 진리의 말씀이 죽을 수밖에 없는 사망의 자식들에게 선물로 주시는 하늘나라 복된 영혼 양식임을 성부하나님의 머리 도맥으로 출현하신 성자예수의 출생 분위기에서 보다 분명하게 그렇게 나타내 주고 있었다.

성자예수의 출생 성분부터가 사생아로 그처럼 눕힐 자리도 없는 말 구유간에서 걸레보따리에 쌓여 짐승들에게 먹이를 주는 여물통 속에 눕혀졌음이 그 상징성이다. 그와 같은 출생 분위기가 육축과 같은 인간 생명체들에게 하나님 사랑의 선물로 보내주시는 인간영혼

양식으로, 그처럼 외모를 중시했던 구약 율법시대를 마감한다는 그 상징적 표징이기도 한 것이다.

그토록 비밀한 성자예수의 출생이 선지자들이 예언한 구세주 만왕의 왕으로 때가 이르면 그 백성들을 흑암에서 구원해 줄 메시아가 올 것이라고 했던 그 '만왕의 왕' 탄생 분위기였다.

거기에 대한 이사야 선지자의 예언이다.

> 그러므로 주께서 친히 징조로 너희에게 주실 것이라, 보라! 처녀가 잉태하여 아들을 낳을 것이요, 그 이름을 임마누엘이라 하리라.

임마누엘이란 '하나님이 우리와 함께 계시다'라는 뜻이다. 유대 땅에 보내지기로 예정되어 있었다는 하나님의 선물 예수에 대한 이름을 선지자들은 많은 상징적 비유로 말해 두고 있다.

그처럼 선지자들이 예언했던 구세주 메시아가 그때가 이르러 남자의 체온을 전혀 느껴보지 못했다는 순결무구한 처녀 동정녀 마리아의 몸을 빌어서 성령으로 잉태하였고, 그처럼 눕힐 자리도 없는 말구유간에서 그 모습을 드러내셨던 것이다.

그 성령체가 바로 태초의 빛으로 하나님 섭리 가운데 이 땅에 보내심을 입었다는 평강의 왕으로 하나님의 종복들이 인간 종자 씨를 그들 나름대로의 호흡으로 심고 그 율법적인 계율로 가꾸던 구약시대를 마감하기 위해서 유대 땅에 출현하신 성자예수였다.

사실 성자 출현 이전의 시대는 다만 육체뿐인 인간들로 동물농장이나 다를 것이 없었다. 그렇게 짐승들이나 마찬가지로 먹이를 찾아 출렁거리는 인간동물들에게 영혼생명의 양식을 보내주심으로 그 양식을 먹게 된 자는 신성神性을 이루어 하늘나라 백성으로 영생을 얻게 된다는 그 의미를 성자예수 출생에서부터 그 상징성을 그렇게 나타내 보여주셨음이다.

그러한 관계성에서 예수께서는 이후 유대 땅에 그 진리의 말씀을 설파하시면서 '나는 하늘에서 내려온 생명의 떡이니… 내 안에 생명이 있고' 바로 그 말씀이었다. 그처럼 성자예수의 가르침의 말씀은 인간영혼을 성숙시키기 위한 하늘나라 선물의 양식으로, 그 사랑의 말씀이 태초에 우주만물을 창조하신 하나님께서 보내신 바로 그 빛의 숨결임을 내포하신 진리의 말씀이었다.

하지만 그와 같이 복된 하늘나라 영혼양식을 그 백성들은 믿으려 하지 않고 외면했다. 그것이 그 백성들이 말한 성자예수의 출생성분으로, 그처럼 걸레보따리에 싸서 세상에 출현하게 하신 것은, 하나님의 섭리 가운데 그 크신 하늘나라 천법天法을 세상에 널리 알려 전 인류를 구원하기 위함이라는 그 상징성의 의미 같은 것이기도 했다.

그러한 하나님의 섭리가 만세 전에 미리 예정되어 있었기 때문에 그 일을 이루기 위해서 선택받은 백성이 바로 그 유대 이스라엘 민족이었음을 나타내 주고 있다.

결국 그들이 그처럼 성자예수를 외면함으로 만세 전부터 운명적으로 예정되어 있었다는 그 고난의 십자가를 짊어지실 수가 있었던 것이며, 그것이 하나님의 섭리역사로 그 시대 관헌들이 알지 못하게 하기 위한 하나님의 비밀이었다는 것을 성서 속에 기록하고 있다(고린도전서 1장).

> 오직 비밀한 가운데 있는 하나님의 지혜를 말하는 것이니, 곧 감추었던 것인데 하나님이 우리의 영광을 위하사 만세 전에 미리 정하신 것이라.

그토록 비밀한 하나님의 지혜, 그래서 외형적으로 더 없이 비천하게 태어나신 성자예수를 성경은 또 다음과 같이 그 의미의 뜻을 밝혀주고 있다(고린도전서 1장).

> 형제들아, 너희를 부르심은 보라, 육체를 따라 지혜 있는 자가 많지 아니하며, 문벌 좋은 자가 많지 아니하도다. 그러나 하나님께서 세상에 미련한 것들을 택하사 강한 것들을 부끄럽게 하려 하시며, 하나님께서 세상의 천한 것들과 멸시 받는 것들과 없는 것들을 택하사 있는 것들을 폐하려 하시나니 이는 아무 육체라도 하나님 앞에서 자랑하지 못하게 하려 하심이라.

그것이 분명히 성부하나님의 지혜의 비밀이라고 신약성경은 기록하고 있다. 그래서 성자예수를 그처럼 낮고 천한 환경 분위기 속에 태어나게 하신 것은 세상에서 멸시와 천대를 받고 나약하여 위로를 받지 못하는 병든 자들의 친구가 되어 주면서, 또한 지식을 자랑하고 세상의 물질적인 부요함을 자랑하는 자들을 그 앞에서 부끄럽게 만들기 위함이라고 그 뜻을 그처럼 밝혀두고 있다는 사실이다.

그러한 하나님의 섭리 가운데 성자예수는 세상에서 더는 낮아질 것도 없는 모든 조건과 모습을 두루 갖추고 태어나셨기 때문에 그 시대 환경과 외모를 중시하는 그 백성들이나 관헌들이 도무지 헤아려 보지를 못했던 것이다. 그래서 예수를 따르는 제자들은 그 시대 환경적으로 대우를 받지 못했던 낮은 신분들로 수제자 베드로만 하더라도 바다에서 고기를 잡아 생계를 유지했었던 어부였다. 그처럼 외형적으로 볼품없이 태어난 성자예수의 모습이 이스라엘 백성들이 선지자 예언을 믿고 조상 대대로 학수고대하고 기다리던 만왕의 왕 구세주의 모습이었다.

그러나 그 구세주 성자예수가 세상에 인자人子로 출현하시던 그때였었다. 하늘은 그토록 장엄한 천지공사의 역사적인 순간을 아기예수의 울음을 신호탄으로 대자연을 관리 관장하는 자연신들, 그 신계가 세상을 다스리던 구약시대가 마감되고 진리의 성자 신약시대로 그 변화의 문이 열리고 있음을 세상에 그 징조를 나타내 주고 있었음이다. 그야말로 예사롭지 않은 하늘의 큰 징조를 보고 유대 땅에 찾아온 사람들이 동방박사 세 사람이었다.

그들은 율법만을 배워온 이스라엘 백성들과는 달리 조상으로부터 천리天理의 천문도天文圖를 배워왔기 때문에 천체의 정세를 살피던 중 하늘에서 큰 별이 움직이는 기이한 현상을 본 것이다.

동방박사란, 하늘 천체의 정세를 살피는 것이 그들의 일로 예지력이 뛰어나게 발달되어 있었기 때문에 천문학 박사라고 불렀다. 고대 동방의 천문학 박사들은 성자예수 탄생뿐 아니라, 그보다 앞서 인도

카빌라국에 출현했던 성자 석가모니 탄생 역시도 예견한바 있었다.

그들의 예지력은 우주천체와 소우주라는 인간을 연결함으로서 공간적 시간적 관찰을 통해 과거, 현재, 미래까지도 유추해 보는 지혜의 능력을 보유하고 있는 사람들이었다.

그 이치가 태초에 정해진 본자연의 법칙임을 〈창세기 1장〉에서 다음과 같이 분명히 나타내 주고 있다.

> 하나님이 하늘의 궁창에 광명이 있어 주야를 나뉘게 하시리라. 하시고, 그 또 광명으로 하여 징조와 사시와 연한이 이루리라.

그 섭리가 바로 대자연의 법칙이다. 그래서 동방박사들은 하늘의 두 광명으로 하여 징조와 사시와 연한이 이루어지면서 우주 천체가 자연법칙에 의해 한 치의 오차도 없이 해와 달, 그리고 별들이 제 궤도를 이탈함이 없이 운행되고 있다는 사실을 동양천문학 그 천리를 배워 터득한 사람들이었다고 했다.

그러한 대자연의 법칙이 바로 태초 '있음'의 근원으로부터 비롯되어 운행되어지고 있기 때문에 우주와 만물이 그러한 본자연의 법칙의 궤도를 벗어나 홀로 존재할 수 없다는 섭리의 이치를 그처럼 터득했던 동방박사들이다.

그 원리가 천도의 운행섭리라는 우주력이다. 그 이치를 바탕으로 하는 동양철학의 역학은 우주가 생멸변화하는 원리를 밝혀볼 수 있을 뿐만 아니라, 소우주라는 인간 개인의 생년월시를 그 주역을 바탕으로 풀어보게 되면 그 사람이 타고난 품성의 성정과 그 운명까지도 알아볼 수 있는 우주 암호의 해득서라는 것이다.

그 이치를 바탕에 깔고 있는 것이 동양에서 발달된 사주역학이며, 서양의 별점이 그로부터 비롯된 것으로 〈창세기 1장〉에서 '그 두 광명으로 하여 징조와 사시와 일자와 연한이 이루라' 거기에 기인하여 별자리와 연결 지어서 운명을 점쳐보는 것이 서양의 점성술로 별점이라고 했다.

그처럼 '나'라는 생명체가 이 세상에 태어날 때 이미 그 사람이 살아갈 날의 삶의 질, 그 모형도가 거기에 그려져 있으면서 그 운명의 패턴에 의해 살아간다는 것이다. 이러한 자연의 조화는 본자연本自然에서 대자연大自然, 그리고 자연自然으로 고리를 잇고 해와 달, 그리고 별들에 의해 운행되고 있기 때문에 달의 인력에 의한 조수간만의 영향을 볼 수가 있고, 식물 또한 계절에 따라 변화를 가져오게 된다는 것이 그 이치다.

이렇게 동양의 술이부작述而不作의 역서易書는 우주 시발의 음양일월의 변화도를 담아 두고 있는 것으로, 고대인들 중에서도 특히 유프라테스 강 하류에 살고 있던 유목민 카르테안들은 이러한 자연의 이치를 적용시켜 천체를 관측하는 수학능력이 발달하였다고 한다.

그 이치를 바탕에 깔고 그들은 달력을 만들어 우리 한민족 조상들이나 마찬가지로 사용해 왔으며, 타고난 인간의 개성까지도 거기에 맞추어 점쳐 보았던 것으로, 그로부터 비롯된 점성술사를 카르테안이라고 부르게 된 것이 그 유래였다는 것이다.

그와 같은 자연법칙을 고대 동방박사 천문학자들 역시도 그때 벌써 그 이치를 터득했었음을 성서기록을 통해서도 보여주고 있다. 그래서 동방박사들은 자연의 변화와 하늘의 징조를 보고 지구의 크고 작은 이변을 예견하기도 했었으며, 사람에 있어서도 하늘의 징조를 보고 어떤 인물이 태어나게 될 것이라는 것까지도 예견을 했다는 사람들이다.

그런데 하물며 그토록 큰 대법계의 스승 성자예수의 탄생에 천상의 신계, 그 하늘 정부의 축전이 오고 갔을 것은 물론이다. 그로하여 큰 별이 움직여지는 징조에 유대 땅에 큰 임금이 태어날 것이라고 예견한 동방박사들은 그 큰 별이 머물러 있는 곳, 예루살렘까지 찾아와서 그들이 물었다는 말이다.

"유대인의 왕으로 태어나신 아기가 어디 계시뇨? 우리가 동방에서 그 별을 보고 그에게 경배를 하러 왔노라."

그러나 그들이 물었던 그 말이 온 예루살렘에 퍼져 일대 소동이 일어나게 되었다. 분명히 유대인의 왕이 태어나신 곳이 어디냐고 물었기 때문이다. 그 소문을 전해들은 헤롯왕은 마음이 편할 리가 없었다. 유대인의 왕이라니, 헤롯왕은 걱정이 되어 긴급히 대제사장들과 서기관들을 소집하고 그들에게 물었다.

"그리스도가 어디에서 태어날 것 같으냐?"

대제사장들과 서기관들은 선지자들의 예언의 말을 상기시키며 예루살렘이라고 말했다. 이에 헤롯왕은 동방박사들을 조용히 불러 별이 나타난 때를 묻고 그들을 베들레헴으로 보내면서 말했다.

"가서 아기에 대하여 자세히 알아보고 찾거든 내게 고하여 나도 가서 그에게 경배하게 하라."

헤롯왕은 장차 유대 임금이 될 것이라는 그 아기를 찾아 죽이고자 한 것으로, 선지자들이 만왕의 왕으로 태어날 것이라 예언한 왕을 세상나라를 다스릴 큰 왕으로 생각하고 마음이 편치를 않았던 것이다.

헤롯왕의 그러한 심증을 헤아리지 못한 동방박사들은 아이를 찾으면 왕에게 고하겠다는 인사를 하고 베들레헴으로 향했다. 이때 다시 동방에서 보던 그 기이한 별이 그들 앞을 인도하다가 문득 멈춰 선 곳이 베들레헴 마구간이었다.

이들은 그 마구간으로 들어가 여물통에 눕혀져 있는 아기예수와 그 어머니 마리아와 요셉을 보고 크게 기뻐하며 장차 이 아이가 유대의 큰 왕이 될 것이라는 말을 하고, 엎드려 경배를 드린 후 준비해 가지고 온 황금과 몰약을 예물로 바쳐 올리고 나왔다.

그런데 그날 밤이었다. 동방박사들 꿈에 천사가 나타나 헤롯 왕에게 돌아가지 말 것을 당부했다. 그래서 그들은 천사가 일러준 지시대로 딴 길로 돌아서 유대 땅을 떠났다.

그날 밤 요셉에게도 그 천사가 나타나 헤롯왕이 아기를 찾아 죽이려고 하고 있으므로 아기와 마리아를 데리고 이집트로 피신하여 다시 일러줄 그때까지 그곳에 있으라고 현몽을 해준다.

요셉은 길을 떠나기 전에 앞서 아이에게 율법의 규례대로 할례를 받게 해야 한다고 생각했다. 그것은 구약시대 율법적인 의식행사로 여호와가 이스라엘 백성들에게 엄히 세워 놓은 계율이었기 때문이다.

그 당시 이스라엘 백성들은 첫 아들을 낳으면 무조건 여호와 하나님께 바친다는 율법적 봉헌의식의 할례를 치러야만 했었다. 그 봉헌의식을 치루기 위해서 준비한 제물을 들고 예루살렘으로 올라갔을 때였다

그때 예루살렘에는 시므온이라는 선인仙人이 과거 유대 땅에 오고 간 선지자들이나 마찬가지로 살고 있었다. 그는 과거 선지자들이 예언한 하나님의 아들 구세주 메시아를 그의 생전에 한 번 보고 죽는 것이 소원이라고 한 사람이었다.

그런 그에게 그 전날밤 천사가 나타나 선지자들이 예언한 구세주 메시아를 보게 될 것이라고 현몽을 해준다. 그래서 시므온은 그날 성령의 감동을 받고 예루살렘 성전에 와서 전날 밤 꿈의 계시를 떠올리며 기다리고 있었다. 이때 마리아와 요셉이 아이를 안고 들어오는 것을 보고 그는 그 아이가 곧 구세주 메시아임을 즉시 알아보고 기뻐하므로 마리아가 그 팔에 아기를 안겨주었다. 그러자 그가 감격해 하며 말했다.

"이 아이는 수많은 이스라엘 백성들을 넘어뜨리기도 하고 일으키기도 할 분입니다. 또한 이 아기는 많은 사람들의 반대를 받는 표적이 되어 당신의 마음을 예리한 칼에 찔린 듯 아프게 할 것입니다. 그러니 이는 반대자들의 숨은 생각을 드러나게 할 것입니다."

요셉과 마리아는 그 말을 마음에 담고 그 길로 예루살렘을 떠나 애굽(에집트) 땅으로 향했다. 그후 헤롯 왕은 동방박사들이 왔다간 때를 전후해서 베들레헴과 그 일대에 사는 두 살 이하의 사내는 모조

리 죽이라는 명령을 내렸다.

이렇게 당시의 백성들이나 헤롯왕은 만왕의 왕이 태어나게 될 것이라는 선지자들의 예언을 세상 나라를 다스릴 큰 임금쯤으로 생각했고, 그래서 무죄한 어린아이들만 무참하게 그 참변을 당했던 것이다. 그리고 얼마 후 헤롯 왕이 죽자 요셉의 꿈에 다시 그 천사가 나타나서 아기의 목숨을 노리던 자가 죽었으니 일어나 아기와 함께 다시 이스라엘로 돌아가라고 현몽을 해준다.

그래서 요셉은 천사가 일러준 대로 갈릴레아 지방의 작은 나사렛이라는 동네에 이르러 그곳에 머물러 정착하게 되었다. 예수는 나사렛 동네에서 의부인 요셉의 목수 일을 도우면서 세상의 학문 그 정규수업은 받아보지도 못하고 자랐다. 그러나 성장하면서 그 지혜가 보통 아이들과는 다른 면을 보여주었다고 한다.

열두 살의 어린 나이에 학자들 틈에 끼어 앉아 듣기도 하고 묻기도 하는 그 질문과 대답이 어른들의 생각을 능가하여 주위의 학자들이나 어른들로부터 주목을 받을 만큼 그 지혜가 남달리 출중했었다는 성서 기록이다.

이렇게 구세주 메시아 성자예수는 태어나면서부터 운명적인 시련을 그처럼 겪고 그 나이 13세가 되었을 때에 이스라엘 본집을 떠났다. 그 당시 이스라엘에서는 남자 나이 13세가 되면 관습에 따라 아내를 맞이하게 되어 있었다.

그 해 예수께서는 가족과 함께 예루살렘에서 율법규례의 행사를 마치고 나사렛으로 돌아가는 가족들의 대열을 은밀하게 빠져나와 상인들의 무리와 함께 인도로 향했다.

그것은 장차 아버지(성부) 하나님께서 정하신 그 위대한 역사를 준비하기 위해 떠나야 했었던 그 행보였음이다. 그래서 성서에는 성자 예수의 생애에 대한 기록이 12세부터 29세까지의 행적이 일체 빠져 있다. 그리고 성경에서 그 모습이 다시 등장하게 된 것은 29세로 십자가에 못 박혀 장사한 지 그 사흘 만에 다시 살아나 생체부활을 하시기까지 그 3년간의 행적이 전부다.

그렇다면 성서적인 그 공백의 기간 동안 청년예수께서 어디서 무엇을 하며 지내셨다는 것인지 기독교 신학자들은 거기에 대해서는 일체 언급할 생각조차도 하지 못하고 있다.

그 의문의 숙제를 오늘 서구 신학자들이 과연 풀어낼 수 있을 것인지 하는 것 또한 문제점이라고 할 수 있다. 그 행적이 밝혀지게 되면 지금까지의 여호와 유일신唯一神 숭배사상과 함께 지구촌 전체 인류가 유대민족 아담과 이브의 후예라는 그러한 기독신학 논리가 새롭게 재정리가 되어져야 하기 때문이다.

성자예수 동방여행기

성서적으로 기록되어 있지 않은 예수의 생애, 그 16년 동안의 행적이 놀랍게도 인도 히미스 사원에서 양피지에 쓰여진 '이사전'으로 발견되었다는 쇼킹한 뉴스가 발표된 일이 있었다.

뿐만 아니라 티베트 등 이스라엘 이방의 여러 나라 등지에서도 예수에 관한 행적의 자료가 보관되어 있다는 보도 뉴스가 잇달았다. 그러한 고문서 기록들이 책자로 만들어져 나와 기독교인들에게 크게 충격을 준 것이 사실이다. 〈예수의 잃어버린 세월〉 또 〈예수의 동방여행기〉책자 등이 그것이다.

그 책자 속에는 1,500년 이전에 쓰여진 무명의 고문서로부터 로에리치 교수가 출간한 〈예수의 동방여행기〉에서 예수의 행적이 대체적으로 노토비치의 〈이사전〉 내용과 많이 유사하다는 점이다. 물론 그 자료의 진실성 여부를 놓고 그 기록들이 어디에서 발견되었는가? 특히 대부분의 기독교인들이 그 의문을 제기하고 조작된 것이라고 말하기를 주저하지 않았다.

그 행적의 기록에서 기독교 스승 예수가 청년시절 인도의 티벳 등지에서 불교의 승려들과 함께 지내며 특히 '이사'라는 법명까지 받았다는 것이 그 문제였다. 타 종교는 우상이며 진리가 아닌 삿된 것으로, 하나님의 아들 진리의 성자는 오직 독생자로 예수뿐이라고 주장하는 기독신학 논리이기 때문이다.

그런데 그러한 보도 뉴스였고 보면, 여호와 유일신唯一神만을 주장하는 기독교에서는 당연히 종교적인 우위를 앞세우기 위해서 조작된 것이라고 거기에 반박을 할 수밖에 없는 일이다. 하지만 그 자료 기록들을 살펴볼 때 종교적인 우위를 앞세우기 위해서 꾸며진 조작품이라고 볼 수가 없는 더 없이 진솔하고 실제적인 내용임을 밝혀볼 수 있게 해주고 있다는 점이다. 거기에 기록된 그 내용의 일부다.

이사가 은밀히 아버지 곁을 떠나 예루살렘 상인들과 함께 인도로 갔으니 이는 하나님 안에서 완전함을 얻기 위해서요, 대붓다의 법을 연구하기 위해서라.

그 기록에서 '대붓다'라는 말이 편협한 여호와 유일신관唯一神觀 종교논리에 묶여 있는 기독교인들로서는 당연히 민감한 반응을 보일 수밖에 없는 일이다. 기독교 스승에 대한 불명예라고 생각하기 때문이다.

사실적으로 동서로 오고간 성현들의 행보를 따라가 보면 성부하나님께서 정해 놓으신 그 시간까지 기존의 사상가들을 찾아다니며 그 밑에서 그들이 배우고 가르쳐온 사상이란 과연 무엇인가를 공부했었음이 공통적인 그 행적이다.

그러나 모두가 거기에서 만족하지 못하고 스스로가 정각正覺을 이루어 그 깨달음의 진리를 기존의 사상과 비교분석하며 설파하셨던 것이며, 그 가르치심이 특히 기존의 사상을 뒤엎은 대법계大法界 고등종교 스승들의 천도天道의 말씀으로 그 시대혁명의 불씨가 된 것이었다. 그것이 하나님의 섭리역사로 신약성서(갈라디아서 4장 1절)에 그 뜻을 다음과 같이 분명하게 담아 두고 있다.

> 유업을 이을 자가 모든 것의 주인이나 어렸을 동안에는 종과 다름이 없어서 그 아버지의 정한 때까지 후견인과 청지기 아래서 이 세상 초등학문 아래 있어서 종노릇하였더니…

바로 그것이다. 그와 같은 모습을 보이신 일곱 성현들의 행보는 어느 날 갑자기 도통했다고 자신을 드러내어 설파하신 성현은 한 분도 없었다.

그 성구에 비추어 볼 때, 청년예수가 본집을 떠나 인도의 티벳트 등 여러 나라를 떠돌며 기존의 사상가들 밑에서 무엇을 배우고 또 공부를 했다고 하더라도 그것이 스승에 관한 자존심 문제도 아니며, 또한 그처럼 흥분할 일도 아니다.

오히려 지극히 인간적인 성현들의 삶의 행적을 통해서 인간이 기초적인 학문부터 시작하여 점차적으로 고등학문을 깨우쳐 영혼이 성숙하게 되면 그 수순의 절차를 밟아 보이셨던 성현들처럼 진리체가 된다는 그 깨달음을 얻게 해준다는 사실이다.

특히 그러한 가르침에 모델이 되어 보이신 기독교 스승 성자예수였다. 그 행보의 모습을 성서가 아닌 〈이사전 5장 3절〉에서 그 진실을 더욱 유추해 볼 수 있게 해주고 있다.

이사께서 죄에 빠진 자이네 숭배자를 버리고 오릿사 나라에 있는 주거나웃에 가시니, 그곳에는 비앗사크 리슈나의 시신이 안치된 곳이더라, 이사께서 그곳 백인 브라마 사제들에게 극진한 환대를 받으셨더라, 그들이 이사께서 베다를 읽고 이해하는 방법과 기도의 힘으로 병을 치유하는 방법, 경전을 사람에게 가르치고 설명하는 방법과 사람의 몸에서 악령을 몰아내어 온전함을 되찾을 수 있는 방법을 가르치시니라, 이사께서 주거나웃 란자그리하 베나레스, 그리고 다른 성지에서 6년을 지내셨더라, 그가 바이샤와 스드라에게 가르치시고…

예수께서는 이스라엘 본집을 떠나 처음에는 인도의 브라마 '베다성전'에서 〈마니법전〉을 읽고 이해하는 방법을 그 사제들로부터 배우셨다고 했다.

예수가 인도 땅을 밟았을 때는 석가모니 붓다께서 수행정진의 고행 끝에 정각正覺을 이루시고 인도 기존의 사상가들 브라마 세제들과 그처럼 많은 마찰을 빚으며 그들 기존의 사상을 버리라고 설파하시고 열반에 드신지 그 500년이 지난 후였다.

그런데 그때까지도 석가 출현 이전의 기존의 사상을 붙들고 여전히 그 답습을 하고 있었던 사제들이었다. 그러한 형태는 성자예수께서 유대 땅에 출현하시어 기존의 그 율법적인 사상을 버리라고 하시고 떠나신 지 2000년이 지난 오늘에 이르기까지도 그 기존의 사상을 버리지 못하고 기독교 세계관에 '한 틀' 속에 섞어 묶어서 설파하고 있는 것이나 크게 다를 것이 없는 형태였음이다.

인도 역시도 그때까지 그 시대 변화를 깨닫지 못하고 여전히 그처럼 기존의 정통사상을 주장하면서 붙들고 있었던 것으로, 석가 출현 이전이나 마찬가지로 제사장이라는 특권으로 신에게 제물이 될 사람을 그들의 뜻에 따라서 선정되고 있었던 것이다.

그렇게 그들이 상고하여 믿고 있는 것은 석가모니 교조께서 가르치신 불교의 경전이 아닌, 그 이전의 다신숭배 시대에 믿어 오던 자연신관으로 그것이 〈마니법전〉이었다.

그런 시대 분위기에 인도로 건너간 청년예수는 그들 기존의 사상가들 밑에서 석가세존께서 그랬던 것처럼 먼저는 그들의 〈마니법전〉을 배우는 것으로부터 시작했다. 그러나 그 공부를 마친 6년 후 예수는 그들이 믿어오던 기존의 사상을 뒤집어 엎고, 공공연하게 사람을 제물로 바치는 그들의 제사의식에 그것은 인간의 존엄성을 짓밟는 것이라고 그 잘못됨을 지적하시었다.

하지만 그들은 교화는커녕 오히려 예수를 배척했다. 그 행적은 석가세존께서 정각을 이루시고 설파하신 법문의 말씀과 다를 것이 없었다. 그 행보를 담아두고 있는 기록이다.

그가 드쟈게르나스, 리자그리하, 베나레에서 살면서 바이샤와 수드라를 가르치시고 그들과 함께 평안히 거하시니 모든 이가 그를 사랑했더라, 그러나 브라만과 크샤트리아가 그들 '바이샤'와 '수드라'에게 접근하지 못하도록 하였더라.

다음은 좀더 구체적인 내용의 기록이다.

바이샤는 휴일에나 베다를 들을 수 있었으며 수드라는 베다를 읽는 자리에도 있지도 못하고 바라볼 수도 없었더라, 수드라는 영원히 브라만과 크샤트리아의 노예가 되도록 운명 지워졌더라, 그러나 이사께서 브라만의 말을 듣지 아니하시고 수드라에게 가셔서 브라만과 크샤트리아에 대항하여 설교하였더라,

그는 동료 인간의 존엄성을 짓밟을 권리를 가졌노라고 자칭하는 사람들의 인권을 완강히 부인하셨더라, 이사께서 설교하시기를 사람들이 성전을 가증한 것들로 채우고 있다고 하시니라, 쇠와 돌을 숭배하기 위해 지고한 영혼의 일점이 거하시는 동료 인간을 제물로 바치느니라.

호사한 의자에 앉은 게으름뱅이들이 비위를 맞추기 위해 이마에 땀을 흘리며 노동하는 자들을 능멸하니라, 그러나 형제로부터 평범한 축복을 앗아가는 자들은 그들 자신의 축복도 빼앗아 갈 것이라, 그리하여 브라만과 크샤트리아는 깜짝 놀라 그들이 무엇을 행해야 할지 물었더라, 이사께서 그들에게 명하시니라,

우상을 숭배하지 말라, 너 자신을 먼저 생각하지 말라, 네 이웃을 능멸하지를 말라, 빈자를 도와라, 유약한 자를 부양하라, 아무에게도 악을 행치말라, 네 것이 아닌 남의 것을 탐내지 말라, 이사께서 수드라에게 했던 말을 전해 듣고 브라만과 전사들이 이사를 죽이기로 결심하였더라, 그러나 이사께서 수드라로부터 이 소식을 먼저 전해 듣고 밤을 틈타 그곳을 떠났더라, 후에 이사께서 두루 마리를 다 익히시고 네팔과 히말리야 산 속으로 가시니라.

그 당시 인도의 원주민들은 석가세존께서 기존의 사상에서 벗어나라고 설파하시고 열반에 드신지 그 500년이 지난 후에도 여전히 그대로였다. 그렇게 초급한 신앙형태였기 때문에 그 사제들과 성자예수와 그처럼 여전히 마찰을 빚고 그곳을 떠나 네팔과 히말리야 산 속으로 피신했다는 기록이다.

그와 같이 그 당시에 인도 원주민들의 기존 사상 역시도 유대 이스라엘 민족의 뿌리역사 구약의 내용이나 크게 다를 것이 없는 성격이다. 그들은 인간이 태양신의 자궁과 발가락에서 창조되었다고 믿고 있었다. 그러한 인도의 기존 사상은 그 당시 이스라엘 백성들이 여호와 하나님이 흙을 손가락으로 주물러서 그 코에 생기를 불어넣어 줌으로서 비로소 생령이 되게 했다는 그와 같은 창조론과 크게 다를 것이 없었음이다.

하지만 석가세존이나 예수께서 지칭하신 창조주 하나님은 태초에 우주만물을 창조하신 근원적인 하나님이 존재하신다는 가르침으로, 이제 그 기존의 자연신관의 사상에서 벗어나서 진정한 예배의 대상을 바로 찾으라는 가르침이었다.

특히 예수가 승려 나마스와 둘이서 깊은 우정을 나누며 자간나스의 광장을 걸으며 주고받았다는 진리에 대한 이야기들이 그 깊이를 더욱 새롭게 유추해 볼 수 있게 해주는 그 대화의 내용이다.

승려 라마스가 물었다.

"유대 선생이시여, 선생은 진리란 무엇이라 생각하시오?"

이사(예수)께서 대답하셨다.

"진리란 변화하지 않는 오직 하나의 것이지요. 이 세상에는 진리와 허위 두 가지가 있습니다. 진리란 있는 그대로의 것이고, 허위란 있는 것처럼 보이는 것이지요. 진리는 유로 원인은 없지만 일체의 것이 원인이 됩니다. 허위는 무이면서 유로 표현합니다. 모든 만들어진 것은 파괴되고 시작된 것은 끝나야 합니다. 모든 눈에 보이는 것은 유로 표현되지만 본래는 무이므로 사라지는 것입니다. 눈에 보이는 에테르가 진동하는 동안만 반영의 표현을 하고 사정이 변하면 소멸합니다. 성스러운 기는 진리입니다. 과거, 현재, 미래에도 영원히 소멸할 수 없습니다."

라마스가 다시 물었다.

"그럼 인간이란 무엇입니까?"

"인간이란, 진리와 허위의 이상한 혼합체입니다. 이 양자가 싸웁니다."

"과연 그렇겠군요."

그리고 라마스가 다시 물었다.

"그럼 힘에 대해서는 어떻게 생각하시오?"

"힘, 그것은 무에 지나지 않는 환영이지요. 힘은 변하지 않지만 힘은 에테르가 변하면 따라서 변합니다. 절대적 힘은 신의 의지로 전능한 것, 여기에서의 힘은 성기에 이끌려 나타낸 신의 뜻이지요. 바람에도 힘이 있고, 파도, 인간의 눈에도 힘이 있습니다. 에테르는 이와 같은 힘을 일으키고, 히로에스 천사, 인간 그 밖에 사고하는 것의 사상을 힘이 지배합니다."

이에 라마스가 다시 물었다.

"예지에 대해서는 어떻게 생각하시오?"

"그것은 인간이 그것을 토대로 그 위에 자기를 세우는 일입니다. 구원이란, 인간의 마음에서 신의 마음에 이르는 사다리로 구원에는 삼단계가 있습니다. 첫째는 신념이요, 둘째는 신앙으로 그것은 진리를 아는 것, 셋째는 완성, 즉 인간이 자신이 진리가 되는 것입니다. 신념은 신앙 속에서 사라지고, 신앙은 완성 속에서 사라지며, 그럼으로 자기와 신이 하나가 될 때에 인간은 구원을 받습니다."

이처럼 진실한 대화의 내용이 꾸며진 조작이라고 할 수가 없다. 그 말씀의 내용이 이치적으로 더 없이 진술하기 때문이다.

사실 인간이 신이 될 수 있다는 가르침의 말씀이 이 땅에 출현하신 성자들 모두 동일하게 그와 같은 이치를 관통하고 있다. 그런데도 지금까지 기독신학에서 그 개념의 확신을 심어주지 못한 채 감히 피조물 인간이 어떻게 신이 될 수 있고, 성인의 반열에 들어갈 수 있느냐며 부정적으로 고개를 흔들게 마련이다.

그러한 종교개념은 구약시대 인간은 어디까지나 의롭지 못한 '죄인'이라는 신앙관 그대로 제물헌납으로 속제의식을 은근하게 주입시키고 있는 형태다.

그와 같이 초급한 율법적 제사의식 형태가 바로 성자 출현 이전에 있었던 기복신앙관이다. 그 개념이 바로 신과 인간을 동떨어진 개체로 분리시키던 구약시대 여호와 유일신唯一神 숭배사상이었다.

하지만 동서로 출현했던 고등종교 스승들은 그러한 기존의 사상에서 벗어나라는 것이었고, 그와 같은 교화설법의 전도에 그 시대 사제들과의 사이에 그처럼 사상적인 마찰을 빗고 배타를 당하셨던 행적은 다를 것이 없었다.

당시 인도의 사제들은 석가세존께서 그러한 이치의 법문을 가르쳐 주시고 열반에 드신 지 500년이 지난 후였음에도 여전히 태양신에게 인간을 제물로 바치는 제사의식을 그대로 집행하고 있었던 것이다.

그처럼 샤머니즘적 제사의식 형태를 여전히 그대로 답습하고 있었기 때문에 예수께서 이제 그 초급한 제사의식을 버리라고 했지만 그들은 오히려 반발을 했고, 그렇다면 능력대결을 해보자는 식으로 대응을 하고 나섰다.

거기에 이사(예수)께서 하신 말씀이다.

"너희 우상과 짐승이 권능이 있고, 진실로 초자연적인 힘을 가졌다면 그들로 하여금 나를 쳐서 땅에 쓰러지게 해보라!"

그러자 그들이 대답했다.

"만일 우리 신들이 당신의 하나님께 경멸을 품는다면 기적을 행하게 하고, 그가 우리 신들을 깨트리도록 해보시요!"

이에 이사께서 말씀하셨다.

"우리 하나님의 기적은 우주가 창조되어진 첫째 날부터 행해졌고, 이 기적들은 매일 매순간 일어나느니라. 이것들을 보지 못하는 자들은 생의 가장 아름다운 선물을 빼앗기느니라."

그리고 거기에 덧붙여 하신 말씀이다.

"사람들이 불멸의 영혼을 눈으로 보려고 노력할 게 아니라 마음으로 느껴야 하고, 스스로 깨끗하고 가치 있는 영혼이 되려고 노력해야 할 것이니라. 너희는 인간을 제물로 바쳐서는 안 될 것이요, 동물을 살육하지도 말 것이니, 이는 만물이 인간에게 유용하도록 주어졌기 때문이니라. 남의 물건을 훔치지 말 것이니 이는 네 이웃을 강탈하는 것이기 때문이라. 그래야만 너희도 남에게 부당한 대접을 받지 않으리라. 태양을 숭배하지 말라. 이는 우주의 한 부분일 뿐이라. 사제가 없는 민족이 있다면 그들은 자연법칙의 지배 아래 그들 영혼의 깨끗함을 보존하리라."

그처럼 이스라엘 본집을 떠나 인도에서 모습을 나타내신 이사(예수)께서는 다신숭배 시대를 마감하는 시대의 변혁기에서 근원적인 이치의 말씀으로 깨끗하고 가치 있는 영혼이 되어야 한다고 진리의 불을 밝혀 주셨음이다.

그 대화에서 특히 주목되는 부분이 '사제가 없는 민족이 있다면 그들 영혼의 깨끗함을 보존하리라' 하는 바로 그 대목이다. 사제란, 다신숭배 시대에 신과 인간의 중보 역할을 하는 제사장 제도로 그 백성들이 믿고 숭상하는 신들이나 다를 것이 없는 대우로 그 특권을 누리고 있었다.

그런데 고대사에서 제사장 제도가 없었던 민족은 유일하게 배달한 민족뿐이었다. 그 이유는 자연신관들에 의해서 창조되어 초급한 가르침으로 가꿈을 받던 이방민족과는 달리 뿌리 조상신이 그들의 민족수호신 신계神界와는 차원이 다른 영계靈界로 태초의 물질 모태이신 밝고 웅장하신 하늘나라 성모님의 신위神位로 그 성호聖號를 환웅천제桓雄天帝님이라고 했다.

그러한 관계성에서 뿌리 시원에서부터 우주 근원적인 섭리의 천문도天文道를 배워왔었던 것으로, 그 가르치심은 신과 인간이 동떨어진 주종主從의 개념이 아닌 일원론一元論이었다.

즉 천지인天地人이 '한 틀' 속에서 운행되고 있다는 천리적天理的인 가르침으로, 그 이치를 깨닫고 인간영혼이 성숙되면 보편적인 존재로서가 아니라 우주 근원적인 하나님과 일체一體를 이루게 된다는 성현들의 고차원적인 교화의 가르침과 다를 것이 없는 하늘 천법天法의 대도大道를 가르쳐 주셨음이다.

그처럼 영계의 천지부모 섭리 가운데 뿌리 시원에서부터 하늘 제사권祭祀權을 부여받고 세워졌다는 의미에서 천손민족天孫民族이라고도 했다는 것이 배달한민족 시원의 뿌리역사 기록이다.

그러한 관계성에서 배달한민족은 그처럼 공중권세를 부여받고 지구에 내려와 그 행사를 벌린 신계의 창조물이 아니었기 때문에 그처럼 초급한 속죄의식의 행사를 집행하는 제사장 제도가 유일하게 없었던 민족이었다.

하지만 그 이외의 민족들은 성자예수께서 지적하심과 같이 본질상 하나님이 아닌, 공중권세를 부여받고 지구를 오르내렸던 천상의 사람, 그 신족들에 의해서 이 땅에 조상뿌리가 세워졌기 때문에 그처럼 일원론一元論이 아닌 이분법적二分法的인 초급한 가르침을 받아 왔었음을 그들 뿌리역사에 기록해 두고 있는 것이다.

그러한 하나님의 섭리역사를 성자예수께서는 이미 알고 계셨던 것으로, 그렇기 때문에 그 대화에서 사제가 없는 민족이 자연의 법칙 아래 영혼의 순수성을 깨끗하게 보존하리라고 하셨음이다.

그와 같은 하나님 섭리의 역사를 석가 붓다께서도 이미 알고 계셨기 때문에 자신이 이 세상에 출현하기 이전에 많은 부처가 세상에 왔다 갔다고 말씀하셨던 것을 상고해 보더라도 한민족 뿌리가 세워진 근원적인 이치를 다시 짐작해 볼 수 있게 해준다.

사실 인류역사를 돌아보면 배달한민족은 조상뿌리에서부터 하늘천법을 배워왔기 때문에 일원론적一元論的인 조화의 평등사상으로 이웃과 화합을 추구해 왔다. 그러한 민족정기의 조화사상은 동일장同一場에서 갈등과 투쟁이기보다는 공생공존共生共存하는 평화의 협동정신으로 고대사회에서 조화론 적인 발전과정을 보여왔었음을 기록하고 있다.

하지만 서양사상은 성자예수께서 지적하심과 같이 본질상 하나님이 아닌 자연신관들로부터 그처럼 너와 나를 개체로 가르는 이분법적인 절대주의 사상을 배워 나왔던 것이다.

그러나 서양의 토향적인 전통문화는 신적 권위에 대한 이방민족과의 맞수대결의 도전으로부터 출발하였음을 특히 유대민족의 뿌리역사서 구약 여호와신의 전반적인 행사 모습에서 보다 분명하게 밝혀보게 해준다. 그로부터 심어진 서양의 민족정신 문화유산이 약육강식의 독선주의 철학으로 끊임없는 대립과 갈등의 연속이었다. 그 투쟁사가 오늘에 이르기까지 복잡하게 전승되어 나왔고, 또한 그 실증을 보여주고 있는 실태가 오늘 지구촌의 대립적 갈등 상황이다.

그러나 그처럼 성육신으로 이 세상에 출현하셨던 고등종교 스승들의 가르치심은 인류평화의 과제인 일원론적인 조화사상으로 그러한 기존의 이분법적인 초급한 사상에서 이제는 벗어나서 서로를 인정하고 네 이웃을 내 몸처럼 사랑하라는 가르치심이었다.

성자예수의 그러한 가르치심은 그 행보가 인도뿐 아니라 어디를 가시던지 동일한 훈계로 근원적인 진리의 말씀이었음을, 〈예수의 동방여행기〉그 시간 속에서 시작과 끝이라는 알파와 오메가의 하나님이 이 땅에 섭리하신 그 뜻이 무엇인지를 좀 더 구체적으로 밝혀 볼 수 있게 해주고 있다.

뿐만 아니라 그 내용의 말씀 중에서 중요한 대목이 제사장이 없는 민족이 영혼의 순수성을 지킬 것이라는 바로 그 부분이다. 사실상 지구촌에서 유일하게 제사장 제도가 없었던 민족이 우리 배달한민족으로, 그 이유는 태초의 천지부모 영계靈界의 환웅천제님으로 하여 하늘 제사권을 받고 뿌리시원에서부터 하늘 대도를 배워온 민족이었기 때문이다.

그토록 자랑스러운 우리 한민족의 뿌리역사를 오늘 우리가 바로 찾아 정립했을 때, 우리 민족에게 주어진 하늘의 축복이 무엇인가를 깨닫게 되면서 잃어버린 국혼을 다시 찾아 우리의 소원인 통일과업을 이룰 수가 있게 됨을 또한 시사해 주고 있는 것이다.

그 섭리가 모든 경전이 예언해 두고 있는 선후천先後天이 바뀐다는 개벽시대에 이 한반도가 세계 중심의 정신문화를 이루는 천혜의 땅으로, 인류의 과제인 지구촌 갈등과 대립의 전쟁을 종식시킬 수가 있게 됨을 분명히 시사해 주고 있다는 사실이다.

―〈2권에 계속〉

에필로그

인류역사는 다신숭배 시대에서 하나님의 아들 진리의 성자 출현시대로 진화 발전되어 나왔다.

모든 만사에 기승전결이 있듯이 인간진화 발전에 있어서도 마찬가지였다. 기초적인 인간도리와 자연섭리의 이치를 가르쳐 주기 위해 출현하신 스승이 공자와 노자, 장자였다.

그것이 창조주 하나님의 우주섭리 역사의 변화도에 의한 것으로, 시대와 나라를 달리하고 대자연의 이치를 설법하신 부분지체 도맥의 성자 출현 이후, 대법계의 고등종교 스승이 석가, 예수 차례로 시대와 나라를 달리하여 출현하시었다.

그러한 섭리역사가 일대사一大事를 인연한 성자들의 출현으로, 그 가르침은 동일하게 인간진화의 방편으로 선善을 바탕에 깔아두고 있다. 그 가르치심이 인간정신 교육으로 시대정신, 사회정신을 꽃피우게 했던 공자, 노자 도덕경에서부터 마호메트의 코란경, 석가의 불경, 예수의 신약복음 성경에 이르기까지 모든 경전의 말씀들이 인간영혼의 귀중성과 또한 실체 있음의 '진리'를 깨달아 거듭남(탈겁)으로 영생하는 신인神人으로 변화를 입게 하기 위한 단계적 수순이다. 그 섭리가 창조주 완성을 위한 목적이라고 했다.

그 뜻을 불교의 법화삼부경 방편품方便品에 다음과 같이 담아두고 있다.

> 부처님께서 사리불에게 이르시되 이같이 묘한 법은 모든 부처님께서 때를 당하여 이를 설하시니 우담발화가 한 번 피는 것과 같으니라. 사리불아, 너희들은 마땅히 믿을지니라, 부처님이 설하신 말씀은 허망함이 없느니라.
>
> 사리불아, 모든 부처님께서 근기를 따라서 법을 설하시니 그 뜻을 알기가 어려우니라. 어찌하여 그러한고, 모든 부처님께서 오직 일대사一大事 인연으로 하여 세상에 출현하신다 하는고.
>
> 모든 부처님 세존이 중생으로 하여금 부처님의 지견을 열어주사 청정함을 얻게 하고자 세상에 출현하시며, 중생들에게 부처님의 지견을 열어주고자 세상에 출현하시고, 중생으로 하여금 부처님의 지견도知見道에 들여놓고자 세상에 출현하시느니라. 사리불아, 이것이 모든 부처님께서 오직 일대사 인연으로 하여 세상에 출현하신다 함이니라.

불교 용어인 '부처'란 바로 진리라는 뜻이다. 그 진리체 성자 출현은 크고 작은 법계의 방편법方便法으로, 인간 영혼 성숙을 위해 인간 진화의 시대적인 근기에 따라 그렇게 출현하시는 것이지만, 그 묘한 법은 때를 당하여 한 번 피는 우담발화(진리의 꽃)로 그 뜻을 중생들이 알기가 그처럼 어려운 것이라고 분명히 말해 두고 있다.

그 이치가 만물을 사랑하신다는 태초의 하나님 그 섭리이며, 기독교 신약성경이 기록하고 있는 인류 '구원'이라는 사랑의 하나님 그 생기의 숨결이다.

그렇기 때문에 과거 자연신들에게 복종만 요구되어 오던 다신숭배 시대를 때가 이르러 마감케 하면서, 인간 영혼의 실체를 깨닫게 하기 위한 진리의 성자시대로 그 문이 열린 것이다.

그러한 시대변화 섭리에 의해서 유대 땅에 출현하신 대법계의 스승이신 성자예수께서 '진리가 너희를 자유케 하리라' 하셨던 것으로, 기존의 율법신 하나님의 종從 여호와로부터 너희를 해방시켜 성부 하나님을 아버지라고 부를 수 있는 아들(양자)의 명분을 얻게 해주기 위해서 출현하셨다는 말씀이다.

그 섭리가 시대 변화로 복종만을 요구해 오던 자연신들로부터 '자유함'을 얻게 해주겠다는 그리스도 구원의 말씀이 하늘나라 희소식이라는 신약복음의 전체적인 내용이다.

그와 동일한 뜻을 이 땅에 시대와 나라를 달리하고 보내진 성자들께서 설파하신 인간진화의 가르치심이다. 그 말씀이 영원히 변하지 않는다는 진리로 구약시대 유대 땅에 출현하신 성자예수께서 물체인간 창조신 여호와의 초급한 율법적인 가르침과는 달리 영원한 생명의 근원자리를 깨닫게 하고자 하신 말씀이다. 그 가르치심이 인간을 인간답게 만들고 나아가서 진리체 성자들의 형상을 닮은 곧 성인聖人의 반열에 오르게 해주시겠다는 것으로, 믿는 자는 영생을 얻으리라고 하신 것이다.

그 말씀이 인간생명의 영혼구원으로 태초의 하나님 그 사랑의 약속이라고 설파하셨다. 그러한 시대 변화가 태초 하나님의 종들이 초급한 율법적 가르침의 구약시대에서 성자예수께서 하늘나라 영혼생명으로 탈겁시켜 주시겠다는 그리스도 신약복음 시대로 그 가르침부터가 엄연히 다른 차원의 세계관이다.

그처럼 본질이 다른 구약과 신약의 세계관을 동일한 세계관으로 묶어 설파하고 있는 실재 상황이 오늘 기독신학 논리다. 그렇기 때문에 〈요한계시록 5장 6절〉에 하나님의 '일곱 영'으로 이 땅에 보내심을 입었다는 성자들을 헤아려 보질 못할 뿐만 아니라, 하나님의 아들 성자는 오직 독생자로 기독교 스승 예수뿐이라는 논리로 타종교는 일체 인정하지 않고 있는 실태다.

그러한 서구 신학자들의 무지無知는 그뿐만이 아니다. 태초 하나님의 종복從僕, 그 여호와를 본체신 성부하나님의 신위에 격상시킴으로 성자예수께서 여호와의 아들로 추락됨과 동시에 지구촌 오색인종이 여호와의 창조물 아담과 이브의 혈통자손이라는 논리다. 그와 같은 서구 신학자들의 성서풀이는 무지의 소산이라고 하기보다는 다분히 민족주의적인 우월감을 조장하기 위한 의도적인 논리라고 타종교 인들로부터 비난을 받고 있다.

사실 오늘 기독신학의 그와 같은 성서풀이는 그처럼 만물을 사랑하신다는 태초의 하나님, 그 우주정신 사랑의 도맥으로 출현하신 성자예수로 세워진 기독교 정신을 '쑥탕물'을 만들어 버린 커다란 오류를 범하고 있는 것이다.

하지만 신약성서는 그처럼 억지스러운 그들의 성서풀이로 많은 영혼이 노략질을 당하게 될 것임을 〈요한계시록〉에서 예시해 주고 있는 한편, 인류구원의 말씀이 동방의 해가 뜨는 곳으로부터 세계로 나가게 됨을 분명히 시사해 주고 있다는 사실이다.

그러한 하늘 계시의 섭리역사가 무엇인가를 밝혀보기 위해서는 동방의 해 뜨는 나라, 우리 한민족의 뿌리역사부터 오늘 우리 국민들이 바로 알아야 할 이유가 여기에 있다.

그와 같은 계시가 또한 동서로 오고간 현자들의 예언으로, 비록 오늘 우리나라의 처지가 분단국가로 고통을 받고 있지만, 그러나 그처럼 하늘의 큰 축복이 예정되어 있다는 천혜의 땅이기 때문에 가까운 시간에 하늘이 그 문제부터 먼저 풀어주실 것이라 분명히 믿어진다.

자연의 이치가 아침에 먼동이 트려면 새벽 미명이 가장 어둡다고 한 것이나 마찬가지로 오늘 우리나라가 그처럼 여러 가지로 어두운 상황에 놓여 있다. 하지만 여기에서 전화위복轉禍爲福이란 말을 다시 상기시켜 보게 해준다. 오늘 우리 사회에 커다란 충격을 안겨주고 있는 것이 바로 그 '세월호' 사건이다.

그러한 형태가 오늘 기독교가 안고 있는 모순된 문제점으로 〈요한계시록 2장 9~10〉에서 '자칭 유대인이라고 하나 거짓말하는 사단의 회'라고 예시해 줌과 같이 그 사건을 통해 그들의 행사 모습을 우리나라에서 천하 만민들에게 그처럼 드러내게 해주신 것은 분명히 하늘 섭리하심의 뜻이 있다고 본다. 그처럼 거짓말하는 서구 기독신학 논리로 많은 영혼을 노략질하게 될 것이라는 그들의 위선적인 성서 풀이를 오늘 우리나라에서 다시 재정리하여 세계로 나가게 됨을 또한 그 계시록에서 분명히 예시해 주고 있기 때문이다.

사실 그처럼 합리성이 없는 기독신학 논리에 오늘 문명된 서양인들은 오히려 고개를 돌리는 현상으로 기독교가 추락하여 신도를 잃은 교회 성전들이 진작부터 팔려나가고 있는 추세라고 했다.

그러나 그와는 정반대적인 현상이 오늘 우리나라 분위기로 이제는 너도 나도 신학을 나와 한 집 건너 십자가에 불을 켜고 있는 실태로 여호와 하나님을 믿으면 들어가고 나가도 서양처럼 풍족한 나라로 복을 받게 된다고 설파하고 있는 기독신학의 목회자들이다.

하지만 그들의 행위와 논리는 은 30량에 믿고 따르던 스승 예수를 유대교 제사장들에게 팔아넘긴 가롯 유다의 행위나 조금도 다를 것이 없다. 그만큼 성자예수 십자가의 고난을 상징하는 십자가 위에 유대민족 여호와 유일신 숭배사상으로 과거 구약시대 율법규례의 제물헌납으로 개인 사유재산을 늘려가는 형태이기 때문이다. 그러한 오늘의 실태는 과거 가롯 유다의 부활이 수수천 명으로 그것이 오늘 우리나라 현실적인 사회 분위기다. 하지만 분명한 것은 선후천先後天이 바뀐다는 지구개벽이 오기 전에 그처럼 거짓말하는 '사단의 회'부터 먼저 심판을 받게 될 것이라는 것이 또한 성서예언이다.

그렇기 때문에 그처럼 성자예수의 이름을 팔아 그와 같은 형태를 만들고 있는 것이 특히 우리나라의 실태이기 때문에 하늘이 그 '세월호' 사건을 통해 천하 만민에게 오늘 그러한 기독신학의 문제점을 호소하게끔 해준 것이라고 보아야 할 것이다.

인간의 운명이나 그 나라의 흥망성쇠 모두가 하늘의 섭리하심에 따라 정해지고 운행되는 것이라고 했다.

오늘 우리는 하늘이 주신 그 기회를 통해 자각하고 과거 일제시대에 그들의 영구 식민정책의 일환으로 우리 한민족의 개국조開國祖이신 단군왕검을 곰의 자손으로 실재성이 없는 허구의 단군신화로 왜곡시켜 표류시켜 버렸다.

그들이 총괄하던 조선총독부에서 우리 한민족의 뿌리역사를 그렇게 조작한 이유가 과연 무엇이었는지 오늘 우리가 짚고 넘어가야 할 문제점이다. 그들로부터 해방 이후, 다시 또 변질되고 있는 뿌리역사가 바로 그 서구신학 논리에서 비롯된 유대민족의 조상뿌리 아담과 이브의 혈통자손으로, 그 논리 그대로를 받아드려 '아멘 믿습니다' 하는 형태의 기독교 세가 오늘 국교 이상의 자리를 차지하고 있다. 그러한 분위기에 놓여 있기 때문에 일제가 허구의 단군신화로 왜곡시킨 우리 한민족의 뿌리 역사관을 오늘까지도 제대로 정립을 하지 못하고 있는 실태다. 그렇기 때문에 과거 고조선 시대 그처럼 우리 조상들이 동방의 등불로 12제국을 평화로서 다스려왔다는 한민족 자존의 주체성을 잃고, 지구촌에 물질문명을 발전시켜 나온 서양문화만을 선호하는 국민정신은 오직 강대국에 빌붙어 의지하려는 걸인근성으로 해방되기 이전이나 크게 다를 것이 없다.

현재 우리나라는 전작권마저도 미국이 가지고 있는 실태로 남북회담 장소에서 우리 대한민국 정부는 미국의 등 뒤에서 겨우 옵서버 노릇이나 하는 것이 고작이기 때문이다.

우리 조상들은 제정신이 없는 사람을 '얼'빠진 사람이라고 말해왔다. 그렇듯이 국가나 민족이 제정신 얼이 빠지면 당연히 타로부터 지배를 받을 수밖에 없다. 이러한 오늘 우리의 현실에서 하늘이 제정신을 차리도록 그 경보울림을 크게 쏘아올린 것이 그처럼 충격적인 '세월호' 사건이라고 할 수 있다.

그 사건을 계기로 해서 민족 우월성을 나타내기 위해서 인류시원의 뿌리역사관마저도 왜곡시키고 있는 서구 기독신학 논리의 의도를 밝히고, 재정리되어져야 함을 시사해 주고 있기 때문이다.

그 문제를 오늘 우리 국민이 새롭게 정리했을 때, 인류구원을 위해 십자가 위에서 성체에 물과 피를 쏟았던 기독교 스승의 십자가의 고난이 헛되지 않는 지구촌 평화의 복음으로, 과거 우리 조상들의 만민평등의 조화사상과 함께 불을 켜고 힘차게 세계로 나가게 될 것이 틀림이 없다.

그것이 예정된 하늘의 섭리역사라는 것을 성서 〈요한계시록 22장 22~27〉에서 예시해 주고 있는 것으로, 우주 정신문명 시대를 열어가게 되는 말법시대末法時代에 천혜天惠의 땅, 동방의 해 뜨는 나라 거기에 하나님의 장막이 건설되리라는 것과, 그 장막 앞에 기독교 스승을 상징하는 '어린양'이 그 등燈이 될 것이라고 예시해 주고 있음을 주시하지 않을 수가 없다. 그때에 만국이 그 빛 가운데로 다니고, 땅의 왕들이 자기의 영광을 가지고 들어오리라고 했으며, 거기에는 무엇이든지 속된 것이나 가증한 일, 또는 거짓말하는 자들은 결코 그리로 들어오지 못하리라고 명시해 주고 있기 때문이다.

그러한 계시의 내용 속에서 눈을 크게 뜨게 해주는 내용이 진리의 말씀으로 마음을 비우고 닦아 신성을 이룬 자들이 하나님의 자녀로 인류를 구원하는 왕권을 획득하게 된다는 것으로 〈요한계시록 16장 12절〉에 '하늘의 하나님을 훼방하고 저희 행위를 회개치 아니하므로, 하나님의 명을 받은 여섯째 천사가 진노의 대접을 큰 강 유브라데에 쏟으므로 강물이 말라서 동방에서 오는 왕들의 길이 예비되더라, 하고 분명히 예시해 주고 있다는 사실이다.

그러한 기록들을 반추해 보더라도 오늘 우리나라가 외래사상에 의하여 남북분단으로 대립적인 갈등 속에 고통을 당하고 있는 형편이지만, 그러나 그 고질적인 사상문제를 가까운 시간에 해결하도록 하늘이 그 천기를 돌려주실 것임을 기대해 본다.

우리 한민족에게 예정되어 있다는 섭리역사가 다시 뜨는 '동방의 등불'로 인류평화를 주도하는 영성 지도국으로 세계로 나가게 됨을 모든 경전들이 예언해 두고 있기 때문에 믿어도 좋을 것이다.

다만 오늘 우리 국민들이나 정부가 그 일을 준비해야 한다는 것이 하늘이 맏겨주신 소명임을 알고, 모두가 그 지견知見을 함께 모아 하늘의 뜻을 이 땅에서 이루는데 부족함이 없었으면 하는 마음으로 간절할 뿐이다.

2014년 11월 9일, 지리산 토굴에서

하늘머슴 麗海 **한승연**

작가 한승연의 作述 약력

장편소설

· 데뷔작 〈바깥 바람〉(1986. 3. 5, 도서출판 남영사)
· 이데올로기 해부작 〈그리고 숲을 떠났다〉(1987. 5. 1, 도서출판 한멋)
· 여인의 성심리와 사회부조리 고발작 〈갈망〉(1988. 8. 15, 도서출판 장원)
· 한반도 역사의 주변열강 역학관계 분석작 〈개천 그리고 개국〉(1988. 9. 5, 도서출판 문학시대사)
· 신과 인간의 고리 그 실체 분석작 〈묵시의 불〉(1989. 1. 10, 도서출판 장원)
· 소설문학 영역의 확대작 〈심상의 불길〉(1990. 11. 30, 도서출판 답게)
· 여인의 자리찾기 작 〈남자를 잃어버린 여자〉(1993. 7. 3, 도서출판 장원)
· 사람과 도인의 관계 분석작 〈운명의 카르마〉(2002. 4. 7, 도서출판 마당문화)
· 한민족 가무의 파노라마 〈꽃이 지기 전에〉(2003. 6. 30, 도서출판 한누리미디어)
· 광복 후의 역사와 반역사의 올바른 분석작 〈역사의 수레바퀴〉(2004. 5. 30, 도서출판 한누리미디어)
· 한류열풍의 주역들 〈빛으로 날고 싶었다〉(2007. 1. 30, 도서출판 모델)
· 근대사를 조명한 남북관계 분석작 〈아! 무적〉(2007. 4. 25, 도서출판 한누리미디어)
· 질곡에 처한 운명 속에 살아온 여인의 조명작 〈어머니의 초상화〉(1, 2권, 2009. 6. 20, 도서출판 한누리미디어)

· 민족혼을 일깨우는 역사소설 〈매천야록 · 上〉(2009. 12. 31, 도서출판 한누리미디어)
· 민족혼을 일깨우는 역사소설 〈매천야록 · 下〉(2010. 9. 1, 도서출판 한누리미디어)
· 기독교를 재해석한 야심작 〈우주정신과 예수친자 확인소송!〉(2011년 5월, 도서출판 대원사)
· 질곡의 역사를 이어온 한 여인의 인생사 〈천계탑〉(1, 2권, 2012. 12. 20, 도서출판 한누리미디어)

사상서

· 인류시원과 동서문명의 분석작 〈성서로 본 창조의 비밀과 외계문명〉(2002. 12. 20, 도서출판 대원사)
· 세계 7대 성현의 뿌리 조명작 〈성서로 본 칠성님의 비밀〉(2002. 10. 3, 도서출판 한누리미디어)
· 우주의 기원과 동서양의 종교 분석작 〈우주통일 시대〉(2008. 5. 26, 도서출판 한누리미디어)
· 배달한민족의 뿌리역사 조명작 〈평화의 북소리〉(2009. 1. 20, 도서출판 한누리미디어)
· 배달한민족 상징의 꽃 〈무궁화를 아십니까?〉(2012. 5. 10, 도서출판 한누리미디어)
· 지구이변과 한민족의 사명 조명작 〈개벽, 그리고 개천 개국〉(1, 2권, 2013. 12. 10, 도서출판 자문각)

시집

· 〈소라의 성〉(1986. 3. 15, 도서출판 남영사)
· 〈내가 바람이고 싶어했을 때〉(1987. 6. 30, 도서출판 문학시대사)
· 〈황혼연가〉(1997. 4. 10, 도서출판 답게)

· 〈내가 사랑하는 이유〉(1996. 6. 5, 도서출판 답게)
· 〈묵시의 신곡〉(1999. 8. 10, 도서출판 한누리미디어)
· 〈사랑하며 산다는 것은〉(2002. 12. 11, 도서출판 답게)
· 〈등신불수화〉(2006. 12. 11, 도서출판 한누리미디어)
· 〈오늘도 살아있는 존재이유〉(2011. 8. 25, 도서출판 한누리미디어)

수필집

· 〈이 중에서 가장 위대한 것 사랑〉(1986. 12. 10, 가톨릭 다이제스트)
· 〈별이 된 가슴아〉(1993. 9. 15, 도서출판 세훈)
· 〈슬픔이 안겨준 찬란한 약속〉(2001. 9. 3, 도서출판 마당문화)
· 〈섬진강 파랑새 꿈〉(2007. 8. 25, 도서출판 한누리미디어)

수상 경력

· 1995년 제3회 허난설헌문학상 〈심상의 불길〉 소설부문 대상
· 1996년 제3회 열린문학상 〈내가 사랑하는 이유〉 본상 수상
· 2000년 세계계관시인문학상 〈묵시의 신곡〉 평화대상 수상으로 시 문학 박사 학위 수위
· 2007년 제11회 한국문학예술상 〈역사의 수레바퀴〉 본상 수상
· 2008년 고조선 역사재단 제5회 단군문학상 〈우주통일 시대〉 대상 수상
· 2012년 제1회 매천문학상 〈소설매천야록〉(上 · 下) 본상 수상
· 한국문인협회 · 한국소설가협회 · 국제펜클럽 한국본부 회원으로 오 직 집필에만 몰두하고 있다. 현재 사상서 〈다시 뜨는 동방의 등불〉 (上 · 下권) 출간 준비 중에 있다.

다시 뜨는 동방의 등불!

2014년 12월 15일 1쇄 1판 인쇄
2014년 12월 20일 1쇄 1판 발행

저　　자 : 한 승 연
출판권자 : 윤 현 도
발　　행 : 김 동 환

발 행 처 : 도서출판 資文閣
공 급 처 : 여산서숙
주　　소 : 서울시 종로구 창신 1동 328-17
전　　화 : 02)3675-8588　HP : 010-7582-8588
등　　록 : 1978년 08월 12일 제5-32호
신고번호 : 제300-2011-114

ISBN 978-89-85814-19-5　03810
값 10,000원